Alexandre Thomas

Simple à propos d'histoire diplomatique

Essai

ISBN : 978-1984196781

10 9 8 7 6 5 4 3 2 1

Alexandre Thomas

Simple à propos d'histoire diplomatique

Essai

Table de Matières

NÉGOCIATIONS DE L'ANGLETERRE ET DE LA RUSSIE AU SUJET DE LA PERSE ET DE L'AFGHANISTAN [1]

Introduction

Les négociations dont nous voulons essayer de retracer l'histoire datent déjà de loin ; mais elles sont peu connues, elles sont malaisées à connaître. Communiquées rapidement aux chambres anglaises, présentées par extraits souvent écourtés, arrangées avec trop d'art pour se trouver toujours à leur vraie place, ces curieuses transactions des deux cabinets de Saint-Pétersbourg et de Saint-James n'ont pas eu chez nous le retentissement qu'elles devaient avoir. Il est peut-être à propos de leur rendre aujourd'hui un peu de cette publicité qui leur a manqué. Nous sommes engagés maintenant avec l'Angleterre dans une lutte diplomatique dont il faut espérer que nous sortirons à notre avantage ; nous avons cependant besoin d'étudier notre rôle, et, pour jouer notre jeu contre elle, certes il n'est pas mauvais de nous rappeler comment, il y a six ans, elle perdit elle-même celui qu'elle jouait alors contre la Russie. C'est un spectacle de circonstance, et la pièce comporte plus d'une leçon à laquelle on ne s'attendrait pas. Nous espérons qu'au milieu des anxiétés de l'heure présente, ceux qui désirent en conscience se tirer d'embarras ne fermeront pas les yeux à la lumière qui peut ici leur venir du passé.

Parmi les esprits politiques sincèrement tourmentés des difficultés du moment, il en est qui, voyant dans l'Angleterre le grand ennemi du monde, ne cherchent qu'à susciter contre elle toutes les inimitiés de la France. A ceux-là d'abord il est utile de redire comment la Russie fait son chemin, par où elle passe et où elle va. Il en est d'autres qui, troublés plus que de raison à la seule idée de la puissance anglaise, inclinent trop volontiers à lui céder plus que de droit, et semblent mettre enchère sur enchère afin de se mieux garder cette précieuse amitié. Pour ceux-ci, leur premier devoir, c'est d'apprendre comment les exigences de l'Angleterre savent toujours, en temps utile, se proportionner à la fermeté qu'on leur oppose, et reculer ou s'effacer devant les dangers qu'elles provoqueraient. Admettez que cette vieille histoire d'il y a six ans ne soit qu'un apologue à l'usage de l'année courante : c'en sera là toute la morale ; ce sont deux points seulement, mais on estime qu'ils suffisent. Aussi ne chercherons-nous pas autre chose dans ces nombreuses dépêches, auxquelles nous allons tacher de donner plus de suite et de clarté que le gouvernement anglais n'a peut-être voulu leur en laisser en les publiant.

Ces négociations, que l'Angleterre ouvre en 1834 par des témoignages de confiance, et termine en 1838 par des assurances de satisfaction, n'en aboutissent pas moins très naturellement aux désastres de ses armées dans le Kaboul. Il semble qu'elle tienne à remercier les Russes du mal qu'ils lui font en lui imposant cette politique insensée par où elle se perd, car ce sont bien eux alors qui la dominent et la perdent. Elle aura beau prendre ensuite de sanglantes revanches aux mêmes lieux où l'Orient avait contemplé sa défaite, réparer des conquêtes manquées par de nouvelles conquêtes, attacher sur la poitrine de ses soldats victorieux l'effigie de la reine avec cette cruelle légende : *Victoria vindex* ; plus elle s'opiniâtre et s'efforce, plus avant elle se précipite dans cette voie fatale où le cabinet de Saint-Pétersbourg l'a, pendant quatre ans, si hardiment et si insidieusement poussée. Portés par envie ou par crainte de la Russie, ces grands coups sont moins funestes à ceux qu'ils atteignent qu'à ceux qui les frappent. La Russie ne s'y trompe pas et ne s'en effraie plus ; elle sait par expérience que les œuvres productives et durables ne sont pas si bruyantes ; elle vérifie ses calculs, trouve son compte, et salue son propre avenir jusque dans les triomphes de lord Ellenborough.

La pensée de la Russie en Orient, ce n'est pas tant aujourd'hui de s'y assurer un empire immédiat, c'est bien plutôt d'y user celui de l'Angleterre, en l'obligeant, par de continuelles frayeurs, à fatiguer sans cesse pour sa défense et les immenses ressources dont elle dispose et les immenses populations qui la servent ou la craignent. Elle l'assiège exprès de vagues terreurs, elle l'obsède à force d'alarmes, qui, si fondées qu'elles soient, restent insaisissables ; ce sont des trames qu'on ne cache qu'à moitié, des ennemis qui ne se montrent que pour disparaître, en somme une hostilité permanente à tous les points de l'horizon. Tantôt alliée de la France contre l'Angleterre et tantôt de l'Angleterre contre la France, la Russie s'est toujours maintenue, vis-à-vis du cabinet de

Londres, dans une position assez forte pour que celui-ci redoutât d'en venir avec elle à des explications très décisives. Elle était ou trop nécessaire ou trop inquiétante en Europe pour qu'on n'usât pas de grands ménagements au sujet des affaires d'Asie, et comme d'autre part on ne se dissimulait rien de cette sourde agitation que l'ambition moscovite propage partout devant elle, comme on en savait les inconvénients et les menaces, il fallait bien essayer de l'arrêter. Prise entre ces deux nécessités, l'Angleterre ne sut point se tirer de l'une, parce qu'elle avait trop subi l'autre.

On n'ignorait pas d'où partait le mal, mais on ne pouvait guère s'attaquer à la source sans tomber aussitôt dans des complications toutes nouvelles, et l'orgueil anglais n'est pas tellement emporté qu'il ne se résigne à propos aux exigences d'une politique de sang-froid. N'osant pas aller droit aux Russes dont on respectait quand même l'incognito d'ailleurs assez mal gardé, on voulut en quelque sorte frapper à côté d'eux, comme pour avertir et déconcerter tous ceux qui seraient tentés de se laisser gagner à leurs manœuvres. L'Angleterre a brisé dans l'Inde ses anciennes amitiés, elle en a noué d'autres moins honorables et moins solides, elle s'est faite agressive et conquérante, elle a été dure, injuste et capricieuse à l'égard de ses voisins d'Orient, le tout à l'adresse des prétentions russes et dans l'espoir de les paralyser indirectement, puisque le courage lui manquait pour les combattre en face. Elle ne pouvait pas mieux les servir, et ça a été le comble de l'habileté ou de l'intrigue de l'obliger à ce grand déploiement de violences et d'iniquités par où elle s'est ruinée dans l'esprit des nations, livrant la place à qui saurait la prendre, diminuant à son détriment l'horreur invétérée des Asiatiques pour les Russes, et les réduisant à regarder comme des protecteurs nécessaires ceux qu'elle appréhendait déjà pour sa part comme des rivaux naturels. C'est à Londres même que le gouvernement de Saint-Pétersbourg prépare et dispose les coups qu'il dirige sur l'Orient ; c'est par l'ascendant que l'Angleterre lui abandonne en Europe qu'il se trouve si fort à l'aise pour la gêner et la compromettre en Asie. Il n'est pas jusqu'à cet inévitable progrès de l'unité administrative dont on se ressent aujourd'hui à Saint-James comme ailleurs qui ne semble s'opérer là tout à point pour faciliter l'intervention russe dans les affaires anglaises, et l'on dirait que le ministère ne s'est subordonné la compagnie des Indes en

1833 que pour aller en 1834 se jeter lui-même avec elle au-devant des insinuations et des piéges d'une diplomatie étrangère.

Un cabinet qui subit tous les sacrifices et consent à toutes les extrémités par le désir de se concilier on par la peur de gâter une alliance trop onéreuse, qui permet qu'on prenne sur lui du dehors tous les avantages d'une politique résolue sur une politique indécise, qui, faute de savoir calculer au plus juste l'appui dont il a besoin dans ses relations extérieures, se laisse intimider par l'empire absolu d'une liaison trop exclusive, qui, faute aussi de savoir envisager d'un front assuré les conséquences des choses, aggrave à la fois ses embarras et ses torts, perdant plus, à force de reculer devant l'ennemi, qu'il ne risquait en lui barrant le passage de pied ferme ; pour tout dire enfin, le gouvernement russe parlant en maître impatient ou moqueur, poussant toujours droit devant lui, pressant les évènements et précipitant ses menées sans se soucier beaucoup ni qu'elles déplaisent ni qu'on lui résiste ; le gouvernement britannique s'humiliant dans tous ses discours et dans tous ses actes, évitant constamment l'énergie des mesures directes, et, pour mieux les décliner, pour mieux garder les tristes ressources d'une position mitoyenne, ébranlant avec ses propres mains l'avenir de ses colonies d'Orient : voilà le tableau peut-être assez imprévu que ces négociations vont quatre années durant développer sous nos yeux. Puisse-t-il du moins profiter à qui de besoin !

Section I.

Voyons d'abord quelle était en 1834 la situation de la Russie et de l'Angleterre dans les deux pays devenus alors tout d'un coup le théâtre et l'objet de leurs transactions ; nous saurons mieux combien l'une s'est affaiblie en découvrant combien l'autre avait à gagner pour se trouver maintenant si forte.

Depuis le règne de Pierre, la Russie marche à la fois sur Constantinople et sur l'Indus. Ce sont les deux grandes routes de son ambition. Quels que soient les labeurs qui l'aient attardée le long de la première, elle en a rencontré de plus durs encore au travers de la seconde. Il y avait là des barrières qui, à moitié rompues, ne veulent pas tomber. Il y avait d'abord les cimes du Caucase, les eaux de la Caspienne, les steppes désertes de l'Oxus, mais il y avait surtout les répugnances de la nature morale aussi profondes peut-être, aussi opiniâtres que ces gigantesques empêchements de la nature physique ; il y avait l'animosité, l'intrépidité, l'esprit national des gouvernements et des peuples sur qui la Russie devait tomber à sa première descente ; il y avait l'orgueil de la Perse, la liberté sauvage des tribus du Turkestan et de l'Afghanistan.

Au moment où s'ouvrent ces négociations, la Russie n'en était plus à lutter contre les obstacles matériels ; ces obstacles étaient vaincus autant qu'ils pouvaient déjà l'être. Grace au traité de Goulistan signé par la Perse en 1814 sous la sanction de l'Angleterre elle-même, grâce à celui de 1828, par lequel la Perse fut bien et dûment abandonnée du cabinet de Londres ; grâce aux mutilations qui la démembrèrent alors pour la punir d'avoir fait la guerre qu'on lui déclarait ; grâce aux préoccupations qui avaient en ce temps-là distrait l'Europe, aux luttes de la sainte-alliance, aux convulsions de la péninsule espagnole, à la paralysie de l'empire ottoman ; grâce à tant d'évènements où se reconnaissait presque partout la main de la Russie, la Russie de son côté avait insensiblement aplani les montagnes et traversé les mers qui lui barraient l'Orient. Elle avait franchi la chaîne du Caucase, qui depuis trois mille ans protégeait l'Asie, changé la Caspienne en un lac moscovite, banni de ses eaux le pavillon persan, jeté des avant-postes à l'est de ses rives, et répandu le nom du czar jusque chez les Tartares du nord.

C'était beaucoup ; c'était à peine une moitié de la tâche que se proposait cette race de conquérants. Restait à propager son influence là où l'on n'avait encore montré que ses soldats ; restait à réconcilier le Scythe avec le Slave pour ébranler de proche en proche toutes les populations de la Haute-Asie, pour les armer et les pousser toutes ensemble contre l'Inde anglaise. Ce n'était pas une question de force matérielle, la force ne peut rien contre ces énormes masses qu'il fallait là mettre en mouvement. Si l'on avait chance de succès auprès d'elles, c'était par la séduction de quelque grande idée commune autour de laquelle on aurait osé les rallier, c'était par un appel fait à propos à des sentiments depuis longtemps étouffés, à des espérances qu'on eût crues impossibles, aux souvenirs, aux instincts d'une liberté vengeresse. Les Russes tout seuls auraient été mal venus à prêcher cette croisade ; on les détestait partout, pour eux-mêmes, pour leur nature, pour leur sang ; c'était une de ces antipathies qui ne jettent de si profondes racines que dans des mœurs primitives, chez des peuples encore simples. On peut l'imaginer par la constance avec laquelle les Perses se sont défendus, par la résistance acharnée des Turcomans et des Circassiens.

Au commencement de 1834, ces haines nationales n'avaient rien perdu de leur vivacité originelle. En vain l'Angleterre, liée par ses relations européennes, avait-elle en 1814 abdiqué au profit de la Russie presque toute l'autorité politique dont elle jouissait à la cour de Téhéran ; en vain même, au traité de 1828, avait-elle prétendu se dégager des obligations consenties en 1814, essayant ainsi, pour s'épargner de nouveaux ennuis, d'abolir d'un coup la promesse d'alliance défensive qui jusque-là l'unissait à la Perse ; la Perse était et voulait rester tout entière à l'Angleterre, et, par la Perse, celle-ci savait à bon compte tenir. en échec les tribus toujours remuantes de l'Afghanistan. Il y avait là double sûreté. C'était d'ailleurs le temps où les chefs de la loi, dans une sorte de consultation très remarquable, proclamaient hautement l'amitié des Anglais comme une bonne fortune pour le pays, comme un avantage positif pour la religion ; c'était alors aussi qu'ils dénonçaient les partisans de la Russie comme des renégats et des traîtres. Les Anglais avaient la confiance du prince, l'affection du peuple, le commandement de l'armée ; ni l'armée, ni le peuple, ni le prince, ne pouvaient souffrir la vue des Russes [2]. Rien n'empêchait d'espérer qu'une politique meilleure ne les en délivrât tout-à-fait ; même après le traité de 1828, rien n'empêchait qu'on ne ressuscitât le droit de protection garanti par le traité de 1814 pour disputer le gouvernement absolu des affaires de Perse aux envoyés de Saint-Pétersbourg, pour les éloigner surtout, pour les écarter à jamais des petits états afghans, où leurs intrigues n'avaient pas seulement encore pénétré [3].

L'Angleterre ne tenta rien de tout cela, et cette politique ne fut pas la sienne. Les Russes avaient peine à s'insinuer au milieu de l'Asie ; chose étrange, et pourtant nous l'allons voir, ce fut l'Angleterre qui leur facilita cette rude besogne ; l'Angleterre sembla prendre à tâche de leur pousser dans les bras toutes ces populations, qui fuyaient instinctivement leur approche. C'est là le rôle qu'elle a joué sans interruption par sa diplomatie depuis 1834 et par ses armes depuis 1838 ; c'est là comme une bizarre merveille d'aveuglement et de mensonge par où l'on peut juger des extrémités auxquelles une fausse direction finit toujours par précipiter les gouvernements qui s'y opiniâtrent. On entendit alors les témoins étonnés de ces incroyables pratiques, ceux qui avaient assisté de près aux tristes résultats de cette aberration, ceux qu'elle frappait directement comme un désastre national, protester tous à la fois et remplir toutes les tribunes de leurs cris de colère. Il en est même de plus exaltés qui, poursuivant encore aujourd'hui une vengeance impossible, vont chercher pour la satisfaire les moyens les plus énergiques qu'ils puissent trouver dans la constitution ; il en est qui en sont encore maintenant à réclamer le bill d'*impeachment*, comptant bien amener à la fin devant la justice du pays le ministre déchu qu'ils accusent de trahison [4].

Pour nous, instruits par des erreurs plus récentes et qui nous touchent de plus près, nous pouvons trop facilement expliquer de pareils malheurs sans avoir besoin d'imaginer des crimes si noirs. Il y a des torts qui ne sont pas moins déplorables, de faux calculs et de fausses idées qui mènent à mal aussi sûrement que de mauvaises passions. Si dans la conduite des affaires extérieures de l'état il est quelque chose de plus fâcheux qu'une politique corrompue, c'est une politique indécise et timide : on corrige la première, qui ne peut guère d'ailleurs laisser jamais de traditions avouées ; l'autre empire toujours, et trop souvent fait école. C'est cette indécision, cette timidité, cette obstination acharnée à vouloir se contenter du moins pour céder le plus, c'est ce funeste optimisme toujours enclin à supposer de bonnes intentions dans des actes hostiles, à prodiguer les compliments et les tendresses pour peu qu'on n'y réponde point par une inimitié déclarée ; c'est cette ridicule frayeur des partis pris, cet amour exagéré des biais et des accommodements ; c'est aussi d'autre part cette activité stérile qui se remue pour avoir l'air d'agir, c'est cet empressement malencontreux à chercher de petits exploits pour compenser l'absence des grands, c'est tout cela qui, dans cette lutte de quatre années, a mis l'Angleterre si fort au-dessous de la Russie ; ce sont là les causes de cette infériorité si soigneusement dissimulée malgré les marques très visibles auxquelles on peut la reconnaître dans la correspondance des deux cabinets ; ce sont ces marques même que nous allons maintenant rechercher.

Soumise au parlement dans la session de 1839, la correspondance que nous étudions commence, dans les premiers jours de 1834, à l'occasion de la mort d'Abbas-Mirza, l'héritier présomptif du trône de Perse, le véritable représentant du pays ; il s'agit de lui donner un successeur avant que le vieux roi son père le suive au tombeau. Il semblait bien difficile qu'en un tel choix les deux grandes puissances protectrices pussent obéir aux mêmes inclinations, qu'une seule décidât tout à l'avance, et qu'aussitôt proclamé le favori de l'une devînt le favori de l'autre. En politique surtout, les antécédents obligent quelquefois plus qu'on ne voudrait, et les situations respectives des peuples ne changent pas toujours au gré des hommes d'état. Or, les deux peuples se trouvaient ici, par nature et par nécessité, dans une perpétuelle contradiction de vues, de penchants et d'intérêts. Qu'arrive-t-il pourtant ? La question était grave et portait loin. « Aussi longtemps que l'Angleterre gardera les Indes et la Russie ses armées, aussi longtemps l'indépendance et l'intégrité de la Perse resteront un point essentiel, un élément vital pour la conservation des Indes anglaises, un obstacle formidable à la marche des armées russes [5]. » Au fond, c'était là vraiment l'affaire dont on allait traiter ; la grande ressource qu'il fallait se réserver contre le czar, l'enjeu de cette espèce de bataille électorale que l'Angleterre avait à risquer, c'était bien « l'indépendance et l'intégrité de la Perse. » Par une inexplicable faiblesse, par la seule envie de donner quelques signes d'une prompte déférence, l'Angleterre livra la partie du premier coup.

Deux prétendants pouvaient alors à chances égales se disputer l'héritage d'Abbas-Mirza. Il y avait d'abord l'aîné de ses frères survivants, le prince de Schiraz. Maître presque indépendant d'une des provinces méridionales de l'empire dont les tribus belliqueuses affectionnaient la puissance britannique, il passait lui-même pour abhorrer l'influence des Russes ; c'était sur son propre droit et non sur elle qu'il fondait l'espoir d'obtenir un trône où l'appelait la coutume de l'Orient, les fils du roi régnant venant d'ordinaire avant ses petits-fils. Mais il en était un parmi ceux-là qui au titre contestable de sa naissance joignait encore des titres bien autrement efficaces. Façonné depuis longtemps à l'autorité moscovite si bien établie dans le district d'Azerbijan, dont il était gouverneur, Mohammed-Mirza, fils d'Abbas, pouvait compter sur le bénéfice de son voisinage et de son éducation pour lui valoir une faveur dont ses patrons entendaient certainement profiter. Au moment même où mourait son père, il s'employait à leur service, commandant alors une première expédition qui leur préparait déjà le chemin de l'Afghanistan. Ce fut partie remise ; mais la Russie ne pouvait être ingrate, et l'Angleterre voulut bien être dupe.

Le 3 janvier 1834, le secrétaire de l'ambassade anglaise à Saint-Pétersbourg écrit à lord Palmerston :

« On suppose ici que le shah de Perse nommera Mohammed-Mirza pour son successeur ; j'ai des raisons de croire que sou choix ne déplaît pas au gouvernement russe. »

Il écrit encore le 28 dans ces termes significatifs :

« Le comte Nesselrode considère les intérêts que nous avons en Perse comme tout-à-fait identiques à ceux de la Russie, et il désire vivement que le gouvernement de S. M. britannique puisse se mettre en bonne entente avec le gouvernement russe au sujet de ce pays (*a good understanding*).

Ce mot, maintenant si fameux et pourtant si vide, ne serait-il donc en réalité qu'un écho de Saint-Pétersbourg, venu jusqu'à nous en passant par Londres, une de ces phrases creuses inventées tout exprès par la Russie pour sembler des systèmes et leurrer les cabinets ? Voyez seulement avec quelle docilité lord Palmerston va la relever et la prendre à son compte. Il n'y avait point-là de proposition directe d'un ministère à l'autre ; c'était une simple communication par voie détournée, un rapport écrit à la hâte sur un propos purement officieux, sans motifs et sans considérants, Il suffit à lord Palmerston de cette seule insinuation pour le convertir aux mérites de l'alliance russe en Orient ; il n'a contre elle ni d'objections ni d'observations immédiates, il laisse faire, il laisse le candidat de Saint-Pétersbourg s'apprêter à loisir ; il garde un silence de quatre mois, sous prétexte de mieux s'éclairer ; puis un jour vient où, comme par une inspiration soudaine, sans discussion et sans preuve, il répète en son nom l'étrange axiôme de M. de Nesselrode : l'Angleterre et la Russie ne peuvent avoir, au sujet de la Perse, que les mêmes intentions et les mêmes vœux ! Était-ce donc là de vieilles traditions qu'il suffit de rappeler si vite et d'affirmer d'un mot' ? Non. C'était soulever le paradoxe le plus fâcheux et le moins attendu, c'était imposer un mensonge au pays lui-même, et lui en infliger tout le dommage par amour pour la conciliation.

Ce fut, au reste, une scène assez curieuse. Lord Palmerston avait prié l'ambassadeur russe de passer au *Foreign Office*. L'ambassadeur ne s'était pas encore donné le moindre mouvement, et depuis quatre mois il n'avait pas dit un mot de cette question dans laquelle son gouvernement prétendait agir d'un si bon accord avec le gouvernement britannique. Sans se déconcerter pour tant d'indifférence, lord Palmerston se met tout aussitôt à professer les doctrines de Saint-Pétersbourg l'unité d'action, l'identité d'intérêts, telle est à ses yeux la politique obligée des deux cabinets dans leurs affaires de Perse. Il déclare bravement qu'en tout état de cause, il ne leur faut, quel qu'il soit, pour la prochaine succession qu'un seul et même candidat ; puis, couvert à propos par cette sage théorie que l'ambassadeur russe n'avait garde de contester, il se rabat enfin à nommer par son nom celui-là même que le ministère russe lui désignait quatre mois à l'avance. L'ambassadeur répond modestement que ces bonnes assurances du gouvernement anglais seront accueillies à Saint-Pétersbourg avec satisfaction. C'est là tout son discours ; pouvait-il mieux parler que M. de Nesselrode [6] ?

Arrive bientôt quelque chose de plus étonnant peut-être que cette singulière concorde en un sujet si scabreux : c'est la façon dont elle se prolonge, c'est l'intimité qu'elle entraîne, c'est la portée qu'elle prend tout d'un coup. Le cabinet russe n'est pas encore satisfait d'avoir si facilement sur le trône de Perse un prince de son choix ; ce prince lui-même pourrait céder aux vieilles prédilections de son peuple, et le meilleur moyen de l'obliger à gouverner au profit de la Russie, c'est que l'Anglais paraisse en personne à côté du Russe et vienne ouvertement proclamer que celui-ci ne saurait rien faire qui n'ait son agrément ; c'est qu'il s'établisse entre les agens des deux grandes puissances un concert si régulier, si patent, si manifeste, qu'on ne puisse jamais supposer qu'elles sont sourdement aux prises. Ce fut là ce que la Russie obtint de l'Angleterre, ce fut là l'origine de tous les revers dont nous racontons l'histoire, c'est là comme la clé de cette étroite chaîne tendue entre les deux cabinets, traînée par l'un, serrée par l'autre. Celui de Saint-James voulait absolument qu'on le crût en Europe l'allié de celui de Saint-Pétersbourg ; il le laissait trop voir ; de pareils empressements se paient cher ; rien n'est si coûteux qu'une amitié qu'on a peur de perdre.

Voici l'extrait de la dépêche communiquée par M. de Medem au *Foreign Office*, le 22 août 1834 :

« Nous nous attendons à voir les représentants de l'Angleterre et de la Russie en Perse suffisamment autorisés pour agir de concert dans un esprit de paix et d'union. L'importance qu'il y aurait de les pourvoir à cette fin d'instructions correspondantes ne saurait être diminuée par le seul fait de la nomination du prince héréditaire. »

On devait trop gagner à faire vie commune avec l'Angleterre pour y renoncer si tôt, et c'eût été dommage de rompre sans en avoir rien tiré de plus ; mais on pouvait se rassurer : lord Palmerston n'était pas d'humeur assez inquiète pour s'alarmer de si peu. Le 5 septembre, il charge M. Bligh de témoigner sa joie des bonnes nouvelles qu'il a reçues, et d'exprimer au cabinet russe toute la reconnaissance de l'Angleterre, qui pourtant ne se doute pas de ces nouvelles intelligences de son gouvernement. C'est à l'ombre et dans le secret, c'est en l'absence et sans l'avis des chambres législatives à peine informées cinq ans plus tard, que le ministre d'un pays constitutionnel prend sous sa responsabilité d'accorder à des exigences étrangères l'étroite alliance dont voici la règle :

« Des instructions ont été envoyées au résident anglais de Téhéran pour qu'il ait à communiquer confidentiellement avec le représentant russe par rapport aux intérêts communs des deux pays[7]. »

On ne pouvait guère céder davantage à cet ascendant mystérieux qui de Saint-Pétersbourg pesait déjà sur Saint-James. Aussi lord Palmerston semble-t-il vouloir envelopper quelques réserves dans cette abnégation même avec laquelle il approuve toutes les vues de ses dangereux amis. « Il se réjouit, dit-il encore le 5 septembre, il se réjouit en songeant que les deux gouvernemens sont également animés du sincère désir de maintenir à la Perse non-seulement sa tranquillité intérieure, mais aussi son indépendance et son intégrité. » Il y avait là sans doute une recommandation discrète à l'endroit des protecteurs ambitieux ; c'était une double restriction glissée timidement sous un acte de faiblesse. Malheureusement cette restriction même devait tourner aux dépens de lord Palmerston, et, parce qu'ils n'osaient point être assez explicites, les termes qu'il employait vinrent à la fin retomber sur leur auteur. C'étaient des mots pleins de ressources pour les habiles, et d'une interprétation périlleuse pour qui ne saurait pas les tirer à lui le premier. On eût dit en vérité que la Russie les avait mis elle-même dans la bouche du ministre anglais, et, parlant à son bénéfice, elle n'eût certes pas mieux parlé. Ce furent pour elle des occasions uniques dont elle ne manqua pas de profiter à temps contre l'Angleterre. C'est en effet sous prétexte de maintenir « l'intégrité » de la Perse, que les Russes vont dans deux ans pointer une seconde fois ses canons contre Hérat, et la pousser d'un pas de plus sur la route de l'Inde. Ce sera pour maintenir son « indépendance » qu'ils sauront, deux ans encore plus tard, l'amener tout entière de leur côté, affectant alors d'avoir à défendre contre l'Angleterre un principe que leurs intrigues forcent l'Angleterre à combattre après l'avoir elle-même proclamé. Voilà par quel renversement de toutes les probabilités politiques lord Palmerston se trouvera puni d'avoir reculé devant une explication plus nette de ses justes appréhensions. On ne gagne jamais à vouloir insinuer de biais ce qu'on a droit d'exiger en face.

Mohammed-Mirza était à peine le maître de ses états qu'il songeait à les augmenter. Roi par la grâce de la diplomatie russe et des arrhes anglaises, il aspire pourtant à renouveler les conquêtes de Nadir ; il veut attaquer les Indes en marchant par Hérat. Tant d'audace ne pouvait lui venir sans quelques bons conseils, et, au chemin qu'on lui voyait prendre, on reconnaissait déjà le doigt de la Russie. Traînée par elle comme à la remorque, liée par des engagements dont nous avons montré toute l'intimité, l'Angleterre avait alors besoin de plus d'énergie pour sortir du mauvais pas où elle s'était mise qu'elle n'en avait eu jadis quand elle y était tombée. Fallait-il donc subir ces extrémités ? Fallait-il qu'on eût organisé les forces militaires de la Perse pour les employer au service de la Russie et les tourner contre ses propres alliés, contre soi-même ? Était-ce à pareille fin que devait aboutir l'alliance angle-russe ? Non, si l'on savait parler ferme et la ramener hautement à l'esprit dans lequel on l'avait d'abord acceptée. C'était une question de vigueur et de franchise ; on pouvait déclarer que l'Angleterre, en s'obligeant elle-même, avait bien entendu obliger la Russie au même titre et par les mêmes conventions ; que, la base commune de cet accord étant le désir mutuel de la paix, l'Angleterre s'opposait décidément à ce que tout autre langage fût maintenant considéré comme émanant de Saint-Pétersbourg : on pouvait dire à la Perse que l'envoyé russe la trompait, que l'Angleterre ne lui souffrirait jamais cette ambition renaissante, et que, bien résolue à contrarier ses projets, elle ne voulait pas même en laisser commencer l'exécution. Mais c'était par-dessus tout une question d'ordre général, un débat international qui devait s'agiter à Londres et non point à Téhéran, de cabinet à cabinet, clairement et directement, par les chefs même des deux politiques, et non par des agents inférieurs. Nous allons voir pourtant à quoi l'on s'en tint, et où l'on se réduisit.

Le 25 juillet 1835, lord Palmerston écrit pour la première fois à M. Ellis, ambassadeur extraordinaire en Perse ; ce sont quelques lignes bien malheureuses :

« Vous avertirez spécialement le gouvernement du shah de ne point se laisser pousser à faire la guerre contre les Afghans. Que la Perse réussisse ou non, ses ressources n'en seraient pas moins dissipées dans cette guerre, et ses moyens de défense diminués pour l'avenir. »

Voilà le grand effort de cette politique peureuse : toujours des insinuations qui toujours serviront d'armes pour la battre ! Politique déshonnête, puisqu'il faut bien, quand on écrit ainsi, se cacher d'un allié auquel on avait promis toute confiance ; politique impuissante à force d'être vague et détournée, puisqu'on en est à soigner timidement soir propre intérêt sous au de servir l'unique intérêt des autres ! Quel poids sauraient avoir de si débiles paroles à côté des âpres insistances de la Russie ? La Russie ne peut-elle pas au contraire en tirer avantage, et l'Angleterre ne semble-t-elle point encourager des projets qu'elle combat si mollement ? N'est-ce point donner carte blanche à la Perse que de lui prêcher la modération par amour pour elle et non par respect pour soi ? N'est-ce pas tout exprès se rejeter en arrière pour montrer d'avance à la Russie qu'elle aura les chemins ouverts et le champ libre ? Elle y comptait bien.

Un mois après l'arrivée des instructions de lord Palmerston, M. Ellis lui écrivait de Téhéran :

13 novembre 1835.

« Il est très déplaisant de savoir que le shah médite d'importantes conquêtes du côté de l'Afghanistan, et, d'un commun accord avec tous ses sujets, se croit sur Hérat et sur Kandahar des droits aussi complets que le furent jadis ceux de la dynastie Suffavéenne. Ces prétentions lui sont particulièrement inspirées par le souvenir des succès d'Abbas-Mirza dans sa campagne du Khorassan, et par les suggestions du colonel Borowski. »

C'est donc sous l'influence de la Russie, c'est à l'école de ses diplomates que la Perse en vient à comprendre ainsi « l'intégrité » de son territoire. Lord Palmerston, en la revendiquant pour elle dans cette triste dépêche du 5 septembre 1834, ne pensait guère qu'à défendre ses provinces du nord contre les Russes ; elle entend maintenant élargir ses frontières de l'est et tracer la route par où les Russes eux-mêmes marcheront sur les Anglais.

M. Ellis réfléchit deux mois et demande ensuite une explication aux ministres persans. Il ne dit rien de leurs rapports secrets avec l'envoyé moscovite ; il admet, à bon droit d'ailleurs, la justice de leurs plaintes contre le khan d'Hérat. Mais on ne veut pas seulement une réparation, un hommage ; on veut annexer à l'empire tout le pays qui va de Kandahar à Ghizni, on réclame les droits qu'on tient du temps de Nadir-Shah ; il n'y a point de raison pour qu'on n'aille pas à Delhi reprendre aux Anglais l'héritage du Nlogol, qui fut aussi jadis le domaine de Nadir [8]. Évidemment là c'est une pensée russe. M. Ellis se contente de répondre « qu'il oserait bien affirmer (*ventures his opinion*) que des prétentions datées de si loin ne pourront être

regardées d'un œil indifférent par le gouvernement britannique. »
Huit jours ne s'étaient pas encore écoulés, qu'il était enfin obligé
de voir les choses telles que les avaient faites et l'aveuglement
volontaire de son cabinet et la timidité de ses propres démarches.
On ne daignait plus même jouer à jeu couvert ; il fallait donc que
l'Angleterre parlât. Elle avait certes beaucoup à dire ; mais, comme
son ministre avait craint de trop prévoir, son envoyé craignit de
trop s'expliquer.

8 janvier 1836.

« J'ai appris hier de source certaine que le ministre de la
Russie près de cette cour s'est exprimé dans les termes les plus
énergiques sur l'avantage que le shah trouverait à ne point trop
retarder l'expédition d'Hérat. Le motif qu'il a donné pour qu'on
dépêchât si fort cette entreprise, c'est la crainte des obstacles que
le gouvernement anglais y pourrait apporter, vu son désir bien
connu de restaurer un jour ou l'autre la monarchie des Afghans.
Je m'étais jusqu'ici borné sur ce sujet à l'expression pure et simple
des recommandations pacifiques dont j'avais été chargé par le
gouvernement de sa majesté ; mais, après avoir découvert que
le ministre russe était sur le point de tenir ou avait déjà tenu un
langage tout-à-fait contraire, je me suis déterminé à être plus
explicite avec les ministres du shah, me hasardant à en user ainsi
par suite de la connaissance que j'avais personnellement des vues
générales de l'administration britannique relativement à la Perse
et à l'Afghanistan. En conséquence, j'eus hier une conférence avec
Haji-Mirza-Aghassi et avec le ministre des affaires étrangères ; je
leur rappelai qu'ils avaient déclaré que les droits de souveraineté
du shah s'étendaient dans l'Afghanistan jusqu'à Ghizni, et je les
informai que la position officielle où je m'étais trouvé placé dans
le bureau des Indes [9] me mettait à même de leur dire en toute
confiance que les autorités britanniques les verraient avec grand
déplaisir poursuivre en Afghanistan des plans de conquêtes trop
lointaines. »

Merveilleux effet de l'indécision ou de la peur ! Laissé sans
instructions en face de circonstances dont on savait pourtant la

gravité, le représentant du cabinet anglais ose à peine tenir au cabinet persan le langage inefficace d'un simple particulier ; ce n'est point au nom de son gouvernement et du droit des traités, c'est en se couvrant de ses souvenirs personnels, c'est à l'aide de cette vague et chétive autorité qu'il prétend décourager des ambitions dont il n'a pas été maître d'empêcher l'essor. Et voyez quel singulier contraste ! l'ambassadeur anglais ne sait rien, n'a rien à dire des intentions de ceux qui l'ont envoyé ; il a gardé par devers lui les appréhensions naturelles d'un conseiller de l'*India-Board* ; il vit de ses réminiscences d'administrateur ; il est en dehors de cette politique courante où la diplomatie asseoit son terrain. L'ambassadeur russe au contraire connaît non-seulement ce qu'on fait à Saint-Pétersbourg, mais aussi ce qu'on veut faire à Londres. Il annonce en 1836 la guerre de Kaboul, à laquelle le secrétaire-général de la compagnie des Indes ne croyait pas encore en 1837 [10] ; il apprend à la Perse qu'il n'y a point à s'occuper des insinuations pacifiques de l'Angleterre au sujet de l'Afghanistan, puisque l'Angleterre n'aspire qu'à bouleverser le pays dont elle se dit la protectrice. M. Ellis cependant ne peut opposer à son audacieux rival ni des protestations assez fermes ni des démentis assez autorisés ; il ne réussit qu'à se tenir lui-même en échec ; il semble que ses instructions aient été dressées tout exprès pour se contrarier. On lui recommande bien haut d'agir de concert avec la Russie (5 septembre 1834) ; on l'invite à l'attaquer sourdement par des remontrances confidentielles (juillet 1835) ; il a charge de prémunir la Perse contre la guerre qu'on lui suggère (juillet 1835) ; il s'empresse de justifier cette guerre en droit, et se résigne à la tolérer en fait (janvier 1836). Ce sont deux partis pour un ; entre les deux, c'est à la Perse de choisir, sauf à la Russie de la conseiller tout de suite et à l'Angleterre de s'en fâcher après.

Il y a mieux : dans une dépêche du 1 février, M. Ellis rapporte en toute humilité qu'il a lui-même essayé de convertir le prince d'Hérat au respect de la domination persane ; il lui a écrit de manière à faire partout supposer que le shah marchait contre lui d'accord avec l'Angleterre. Il y a mieux encore : il n'a pu obtenir qu'on lui permît d'envoyer sa lettre par un officier de sa mission, et l'on n'a consenti à la laisser passer qu'à la condition qu'elle fut dépêchée par les autorités persanes, ou, pour tout dire, soumise au contrôle russe.

22

C'est en servant ainsi malgré soi une politique dont on n'ignore pas le caractère hostile et la direction menaçante ; c'est en acceptant les affronts qu'elle jette par force à ces amis suspects qui n'osent point s'avouer ses ennemis ; c'est en se réduisant à dissimuler si longtemps de justes prétentions et de justes ressentiments, qu'on se réveille enfin tout à coup face à face avec l'étroite nécessité d'une rupture désormais sans remède.

« La Perse, s'écrie alors M. Ellis, la Perse n'est plus dorénavant une barrière qui couvre l'Inde ; c'est la première parallèle d'où l'on donnera l'assaut. »

Eût-il donc été tout-à-fait impossible de prévenir une si dure extrémité ? Cet entraînement de la Perse était-il si déterminé qu'on ne pût l'arrêter à temps en frappant où il fallait ? Ce fut précisément ce courage-là qui manqua. On s'en prit à la Perse d'une ardeur de conquêtes dont elle ne pouvait mais ; on feignit de ne peint apercevoir derrière elle le bras de la Russie, qui la poussait à force ouverte dans cette voie scabreuse, au bout de laquelle il y avait la guerre avec l'Angleterre. Cette insistance acharnée de la Russie, cette irrésolution de la Perse jusque sous le coup des obsessions d'une si dangereuse alliée, ces deux points sont trop manifestes pour qu'on puisse les méconnaître dans la correspondance de M. Ellis. Voici des lettres curieuses par la naïveté avec laquelle on y retrace ce continuel progrès de l'influence russe, ce visible déclin du nom britannique, sans qu'on ait l'air pourtant de songer ni à relever l'un, ni à contrarier l'autre. M. Ellis écrit encore en avril ce qu'il écrivait en janvier ; seulement le ministre moscovite le prend alors de plus haut, le ministre anglais de plus bas, celui-ci ayant naturellement gagné tout le temps perdu par celui-là.

16 avril 1836.

« Je suis allé voir hier successivement Haji-Mirza-Aghassi et Mirza-Massoud ; je savais que l'envoyé russe avait eu la veille en leur présence une longue audience du shah ; l'entretien ayant roulé sur l'expédition d'Hérat, il avait recommandé qu'on se hâtât cette année même, parce que, disait-il, ce qu'on pourrait faire maintenant avec 10,000 hommes ne serait plus praticable l'année prochaine avec des forces doubles. Haji-Mirza-Aghassi m'avoua que le shah préférerait de beaucoup, à la nécessité d'une expédition contre Hérat, la soumission volontaire du khan et l'assurance qu'il ne renouvellerait plus ses brigandages.

« Mirza-Massoud me tint le même discours. On trouverait des difficultés si nombreuses à vouloir exécuter tout de suite cette entreprise, qu'on peut bien dire qu'il n'y a pas de raison de croire qu'elle aura lieu. J'ai essayé de faire mettre en ligne de compte, parmi ces difficultés, le risque sérieux d'inquiéter gravement le gouvernement britannique, laissant à penser de quel œil. on verrait les ministres persans admettre dans leurs conseils les avis et l'aide d'une autre puissance européenne. »

C'était là sans doute un pauvre langage, moins fâcheux encore cependant pour l'honneur anglais que cette impertinente comédie dont le diplomate russe allait se donner le plaisir : c'est M. Ellis lui-même qui fait tout au long le récit de sa déconvenue.

« Sachant que le ministre russe insistait sérieusement auprès du shah pour qu'il persévérât dans ses projets, et lui offrait même, en qualité d'homme du métier, de l'aider au besoin dans l'exécution, je me suis rendu aujourd'hui chez le comte Simonich, et je rapporte maintenant à votre excellence la substance de notre conversation.

« Je commençai par établir que l'Afghanistan devait être considéré comme la frontière de notre empire indien, qu'aucune nation européenne n'ayant encore de relations ni commerciales ni politiques avec cette contrée, l'Angleterre verrait nécessairement avec jalousie toute intervention directe ou indirecte dans les affaires qui la concernaient ; c'était sur ce principe que je m'appuyais pour m'excuser vis-à-vis du comte Simonich de la liberté avec laquelle je lui demandais s'il était vrai, comme le bruit en venait jusqu'à moi, que le gouvernement russe offrît au shah un corps de troupes ou n'importe quelle autre assistance pour l'aider dans l'expédition projetée contre Hérat.

« Le comte me dit d'abord que nos cabinets respectifs seraient beaucoup plus à même que nous de traiter la question, il finit par déclarer formellement qu'elle n'avait même jamais été abordée par lui dans ses rapports avec les ministres persans ; mais, s'apercevant ensuite, à quelques remarques sorties de ma bouche, que j'étais fort au courant de la discussion qui avait eu lieu en présence du shah au sujet d'Hérat, il me dit alors que du reste, pour cette expédition comme en toute autre matière, il avait donné les avis qui lui semblaient le plus favorables à l'intérêt de sa majesté persane. Ma réponse fut qu'à mon sens l'organisation de l'administration intérieure du royaume était l'objet le plus pressant qui dût attirer l'attention du shah, mais qu'après tout je ne voulais pas prendre sur moi de disputer au comte Simonich le droit de donner ici les conseils qu'il pouvait juger les plus opportuns. »

Il ne restait en vérité qu'à faire amende honorable pour avoir osé sonder les intentions d'un allié si fidèle ; c'était là tout ce que l'Angleterre gagnait à parler enfin d'une façon un peu plus directe, sinon plus déterminée : je me trompe, elle y gagnait encore de hâter les coups qu'elle voulait prévenir. La Russie avançait toujours, malgré les remontrances de l'ambassadeur anglais et malgré les appréhensions du cabinet persan, gourmandant les unes en raillant l'impuissance des autres. La guerre dont M. Ellis voulait douter le 16 avril est devenue certaine le 29. Il écrit à lord Palmerston :

« Il est impossible qu'on ne voie pas ici la portée de mes observations, et je tiens pour assuré que ni le shah ni ses ministres ne se sentent fort à l'aise en songeant à l'effet que pourrait produire sur le gouvernement britannique une poursuite plus opiniâtre de leurs projets favoris contre Hérat et Kandahar. Il devient cependant toujours plus probable que l'expédition aura lieu ; les régimens arrivent de l'Azerbijan ; ils ont reçu six mois de paie, et les démêlés de la frontière du sud-ouest sont arrangés de manière à laisser le shah parfaitement libre de se porter ailleurs.

Toutes ces facilités lui venaient de la Russie ; c'étaient les assurances pacifiques de la Russie qui lui permettaient de se dégarnir de troupes du côté de Tiflis ; c'était l'intervention de la Russie qui lui ménageait la neutralité des Turcs ; c'était l'argent de la Russie qui payait d'avance ces soldats sur lesquels on comptait à Saint-Pétersbourg pour se frayer le chemin de Calcutta ; c'étaient enfin les menaces de la Russie qui enchaînaient la Perse au rôle ambitieux qu'on lui avait imposé malgré ses prédilections pour l'Angleterre. « La Perse, écrivait M. Ellis, ne veut pas ou plutôt n'ose pas (*dare not*) se placer avec nous dans la condition d'une alliance trop étroite. » L'amitié de l'Angleterre ne lui servait de rien pour la protéger contre les exigences des Russes, puisque ces exigences n'avaient guère de force qu'en s'autorisant du concours officiel de l'Angleterre elle-même ; c'était ce concours qu'il eût fallu démentir. « Il faudrait, disait encore M. Ellis, pour bien arrêter les projets du shah, que l'Angleterre se prononçât ouvertement contre eux. » Entre ces deux grandes puissances, dont chacune eût voulu dominer toute seule, la Perse ne pouvait résister à la contrainte de l'une qu'en lui prouvant la contrainte de l'autre. C'était à l'Angleterre de mettre son ultimatum en face de l'ultimatum russe. Était-ce donc là ce qu'on avait fait ? Il sembla tout d'un coup que l'on entreprit de mieux faire.

Section II.

M. Ellis est rappelé ; on lui donne pour successeur M. M'Neill. Le choix devait paraître bien significatif ; M. M'Neill était un de ces hommes d'humeur aventureuse et décidée comme il s'en trouve quelquefois dans les rangs secondaires de la diplomatie anglaise : diplomates par occasion, voyageurs par goût, marchands, missionnaires ou soldats par métier, on les voit se prendre de passion pour une tribu sauvage, pour une peuplade errante, pour quelque petit prince barbare de l'Orient ou de l'Occident, apporter au service de ces bizarres amitiés tout ce qu'il y a d'original et d'opiniâtre dans le caractère anglais, s'attaquer tout seuls, sous prétexte de les défendre, à tel ou tel état européen, et lui faire la guerre pour leur compte avec l'énergie du fanatisme ; vrais touristes politiques, avoués ou désavoués par la mère-patrie, suivant les intérêts du moment ou les fantaisies personnelles des cabinets. Or, M. M'Neill était de notoriété publique le champion de la Perse et l'ennemi juré de la Russie. Revenu en Angleterre vers la fin de 1834, après un long séjour en Orient, il était bien vite efforcé de répandre les convictions dont il était lui-même pénétré. Aussi lord Palmerston n'avait-il eu garde de le comprendre dans cette malencontreuse ambassade qui venait d'échouer si fâcheusement sous la conduite de M. Ellis. On l'avait écarté en 1535 ; on le choisit en 1836 pour représenter l'Angleterre auprès d'un gouvernement que l'Angleterre abandonnait, depuis bientôt deux ans, à l'influence des Russes. M. M'Neill avait-il donc modifié ses opinions, ou seulement les dissimulait-il ? En aucune manière ; c'était le moment où paraissaient sous son nom les protestations les plus ardentes contre les empiètements de l'ambition moscovite en Orient, les accusations les plus formelles contre l'indécision du cabinet de Londres, qui, faisant toute sa faiblesse, faisait toute la force de ses ennemis. A l'en croire, il suffisait que le ministère anglais déclarât nettement son opposition pour que cette opposition déconcertât les menées des Russes : ceux-ci ne pourraient jamais parvenir à soumettre la Turquie et la Perse sans le concours même de l'Angleterre ; mais une fois assurés de ce concours, ils étaient les maîtres de l'une comme de l'autre, et, maîtres de l'Orient, ils le devenaient aussitôt de l'Europe ; on ne saurait plus arrêter leur marche qu'en leur retirant l'imbécile appui qui la facilitait ; le seul espoir de salut pour l'Angleterre, le devoir le plus étroit de son gouvernement, c'était de rompre avec la Russie [11].

Étaient-ce donc là maintenant les conclusions auxquelles lord Palmerston aboutissait lui-même, et sa politique avait-elle pris subitement toute cette hardiesse ? Si ce n'était M. M'Neil, était-ce lui qui changeait ? Encore bien moins. Il jouait simplement alors ce jeu trop ordinaire aux gouvernements responsables, qui, voulant à la fois contenter et l'opinion publique et leurs propres penchants, acceptent les agents qu'elle leur désigne, sauf à les employer contre les vœux qu'elle forme. Il nommait un ambassadeur actif jusqu'à l'inquiétude, résolu jusqu'à la témérité ; il lui donnait une mission d'impuissance et d'inertie. Voici quelles étaient les instructions de M. M'Neill, les mêmes que celles de M. Ellis ; après toute une année d'alarmes, lord Palmerston ne trouvait rien de plus à dire en sortant de son silence.

2 juin 1836.

« Votre devoir sera de décourager en toute occasion les projets ambitieux qui pourraient entraîner le shah, et de lui bien représenter tout l'avantage qu'il y aura pour la Perse à maintenir des relations amicales avec les états de son voisinage.

« Quant aux relations du gouvernement persan et de l'Afghanistan, il sera nécessaire de vous rappeler constamment l'article du traité de 1814, qui porte sur ce sujet aussi Long-temps que le traité lui-même règle les rapports de l'Angleterre et de la Perse ; mais, comme le gouvernement de sa majesté verrait avec regret toute attaque faite par la Perse contre l'Afghanistan, vous êtes autorisé à offrir au shah les bons offices de la mission anglaise pour accommoder les différends qui pourraient s'élever entre les deux nations. »

C'était là neutraliser toute l'action qu'on pouvait attendre du caractère de M. M'Neill ; c'était l'attacher lui et ses idées à des prescriptions tellement équivoques ou tellement insignifiantes, qu'elles ne laissaient plus de milieu entre la nullité à laquelle s'était résigné M. Ellis et l'éclat auquel menait presque nécessairement l'esprit de son successeur. Comment en effet, après avoir si violemment démontré l'intérêt que l'Angleterre avait dans les affaires de Perse, et le danger dont les progrès de la Russie menaçaient l'Europe entière, comment M. M'Neill pouvait-il s'empêcher de parler au nom du cabinet qui l'envoyait et se réduire à supplier la Perse au nom de son propre avantage ? comment pouvait-il souffrir qu'on le laissât se débattre inutilement à Téhéran contre des intrigues qui partaient de Saint-Pétersbourg et qu'il fallait commencer par arrêter là ? Puis, qu'avait-il à faire de cet article du traité de 1814 qu'on lui donnait pour règle de tous ses rapports avec la Perse et l'Afghanistan ? Le traité avait été imposé à la Perse par l'Angleterre et la Russie, assez étrangement unies par la réciprocité de leurs jalousies et de leur défiance ; l'article 9, auquel s'en référait maintenant lord Palmerston, portait l'empreinte de cette situation : « Si la guerre, y disait-on, venait à se déclarer entre les Afghans et les Persans, le gouvernement anglais n'interviendrait d'aucun côté, à moins que sa médiation pacifique ne fût sollicitée par les deux parties. » L'Angleterre et la Russie comptaient sur la Perse, l'une pour s'ouvrir l'Afghanistan, l'autre pour le tenir en échec : c'était là le secret de cette neutralité, acceptée dans l'espoir d'assurer la frontière indienne, demandée dans l'espoir de la découvrir. Le temps avait donné raison aux calculs de la Russie ; ce n'était plus l'Afghanistan, c'était la Perse qui menaçait l'Inde, et Angleterre, n'avait plus besoin de précautions contre les ambitions afghanes, se trouvait avoir les mains liées par ces précautions même depuis qu'il s'agissait d'arrêter l'ambition du shah. Restait seulement à savoir si ce traité de 1814, tant de fois violé par tous les intéressés, demeurerait encore valable au détriment du gouvernement britannique. Lord Palmerston se chargeait de le rajeunir et de le fortifier, pour mieux se mettre en garde contre les vivacités de son nouvel ambassadeur, en l'astreignant à la lettre perfide de cette convention à moitié abrogée.

Telles étaient donc les instructions qu'emportait M. M'Neill, soumis malgré lui, comme l'avait été M. Ellis, aux obligations officielles d'une entente cordiale avec les Russes. Sa seule tâche était d'empêcher sous main leurs progrès, et il savait bien que la mollesse inévitable de cette fausse résistance ne lui laissait plus aucun effet sérieux. Les choses étaient d'ailleurs trop avancées. La première expédition d'Hérat ayant manqué, l'orgueil et l'honneur de la Perse se trouvaient cette fois compromis, si l'on ne recommençait. Le comte Simonich continuait ses intrigues et encourageait les Persans à de nouveaux efforts. M. M'Neill, à peine arrivé, écrit aussitôt à lord Palmerston que le ministre russe presse le shah d'entreprendre une campagne d'hiver contre Hérat (septembre 1836). Lord Palmerston ne répond que pour ordonner à son envoyé la prudence et la discrétion ; aussi cette dépêche n'est-elle pas soumise avec les autres à l'enquête des chambres. On peut en deviner le sens par la réponse de M. M'Neill « Je continue, disait-il assez tristement, à m'observer et à m'abstenir (*refrain*) d'amener la discussion sur les affaires d'Hérat (24 février). »

Lord Palmerston voulait-il donc cette fois marcher directement à l'ennemi, et se réserver le soin de traiter avec qui de droit ce difficile sujet qu'il interdisait à son représentant. Ses dépêches de juin 1836 n'étaient-elles qu'une erreur et non pas une faiblesse ? Prétendait-il réellement servir de son côté la politique décidée dont il avait donné le signal en nommant M. M'Neill au poste qu'il occupait ? Il semble en effet qu'il prenne plus au sérieux les alarmes de M. M'Neill que celles de M. Ellis, et, sur le vu de sa lettre, il écrit par une sorte d'inspiration soudaine une dépêche des plus nettes à l'adresse du cabinet de Saint-Pétersbourg.

LORD PALMERSTON A LORD DURHAM

27 janvier 1837.

 « J'ai l'honneur de prévenir votre excellence qu'elle ait à demander au comte Nesselrode si le comte Simonich agit en vertu de ses instructions. Au cas où votre excellence apprendrait que la conduite du ministre russe est conforme aux ordres de son gouvernement, elle aurait à représenter au cabinet de Saint-Pétersbourg que ces expéditions militaires du shah sont au plus haut degré malavisées et injustes, qu'elles le mènent à sa perte et causent la ruine de ses états. Il serait si contraire à tous les principes professés par le gouvernement russe de faire faire auprès du shah les instances dont un accuse le comte Simonich d'avoir poursuivi sa majesté persane, que l'on doit supposer que l'ambassadeur agissait sans instructions. S'il en est ainsi, le gouvernement anglais ne doute pas que le cabinet russe n'arrête enfin une conduite si différente de la politique qu'il a déclaré suivre et si contraire aux intérêts d'un allié pour lequel il prétend avoir tant de bienveillance et d'amitié. »

 Était-ce là seulement un de ces accès de violence par où les volontés faibles essaient de se tromper elles-mêmes en s'épuisant d'un seul coup ? C'était quelque chose de pire, c'était l'effet d'une politique encore plus abaissée ; c'était un emportement de commande qu'on se permettait après s'être assuré qu'il ne pouvait être dangereux. On imposait les prescriptions les plus timides au caractère déterminé de M'Neill ; on se targuait de faire porter par lord Durham un si rude message : c'est qu'on savait bien en quelles mains on le confiait. Lord Durham représentait l'Angleterre à Saint-Pétersbourg, du choix même de l'empereur. L'empereur avait refusé de recevoir sir Stratford Canning, contre lequel il gardait une rancune de dix ans, attestée par des menaces publiques ; il avait demandé au cabinet whig de lui envoyer pour ministre l'un des chefs du parti tory ; le vœu pouvait sembler indiscret ; on n'y résista point, et dans le temps même où la politique avouée de l'Angleterre était généralement contraire à la Russie, elle avait pour organe à Saint-Pétersbourg un homme que l'empereur comblait d'honneurs, chargeait de décorations et traitait en ami particulier. Un autre tory, lord Londonderry, visitant lord Durham à peu près à cette époque, le félicitait de l'intimité qu'il avait su maintenir pour sa part entre les deux gouvernemens, de la confiance qu'il avait donnée au czar, du bonheur avec lequel il le déshabituait de ses soupçons et de ses doutes à l'endroit de l'Angleterre [12]. C'était là d'ailleurs l'objet bien connu qu'il se proposait ; il venait de déclarer publiquement qu'il comptait « sur l'union de l'Angleterre et de la Russie pour maintenir la paix du monde [13]. » On comprend maintenant que lord Palmerston se plaignît avec tant d'audace ; il était sûr que cette audace inaccoutumée n'aurait pas d'écho. Ce qu'il y avait d'impérieux et d'agressif dans la dépêche du ministre whig allait singulièrement s'adoucir en passant par la bouche de l'ambassadeur tory. Lord Durham répond le 24 février :

« Conformément aux instructions de votre seigneurie, j'ai parlé au comte Neselrode de la façon d'agir du ministre russe en Perse ; son excellence m'a dit qu'elle était convaincue que notre ambassadeur avait été mal informé, et que le comte Simonich n'avait jamais donné au shah l'avis qu'on lui attribuait. »

On fit plus que de nier ; on avait affaire à un ami, on voulut prouver. Lord Durham parlant encore à M. Rodofinikin de la conduite du comte Simonich, celui-ci, l'un de ces Grecs trop habiles que la Russie sait employer à son service, offre à l'ambassadeur anglais de lui montrer le livre original où sont inscrites en double les instructions données aux ambassadeurs. Le gouvernement anglais serait ainsi convaincu des bonnes intentions de la Russie quand il en aurait sous les yeux les témoignages réguliers. Pouvait-il d'ailleurs persister à croire que le comte Simonich eût voulu de son chef déjouer et rompre, par une politique toute contraire, cette politique amicale qu'on lui dictait ? Lord Durham était en termes trop intimes avec le cabinet russe pour profiter de ces ouvertures, et répondre par une enquête minutieuse à cette généreuse confiance. Il ferma le livre qu'on lui présentait.

Lord Palmerston, à moitié satisfait de ces démonstrations équivoques, demande encore assez mollement le rappel du ministre russe, qu'on lui promet, bien entendu, sans l'accorder ; mais il n'en écrit pas moins à M. M'Neill pour lui reprocher ses soupçons, et l'exhorter à vivre en bonne intelligence avec l'envoyé russe, qui se fâche de ces mauvais sentiments à son égard.

M. M'Neill répond en toute hâte par trois dépêches du 1er et du 3 juin 1837. Il ne comprend pas cette sécurité obstinée de son cabinet, il prouve que le ministre russe a grand tort de se plaindre de lui, puisqu'il a toujours lui-même agi comme l'ennemi de l'Angleterre ; il établit clairement toute l'opposition de la politique vraie des Russes à Téhéran et de la politique officielle qu'ils professent à Saint-Pétersbourg. Les deux missives datées du 3 juin sont encore plus importantes. Dans l'une, M. M'Neill raconte que la guerre va recommencer contre Hérat ; qu'ayant prié les ministres persans de l'informer sur-le-champ de tous les mouvements du shah, il n'a su celui-ci qu'en entendant crier le jour du départ ; « qu'enfin ayant demandé ce qu'il en était, on lui a répondu qu'on regardait les opérations militaires comme une pure matière d'administration intérieure, et que sa majesté irait ou du côté de Khiva, ou du côté d'Hérat, ou ailleurs. » Tant d'ironie cachait mal une inspiration russe. L'autre dépêche enfermait une lettre du secrétaire général de la compagnie des Indes qui annonçait les alarmes inspirées au gouvernement de Calcutta par l'ébranlement de la Perse, et comptait sur M. M'Neill pour faire savoir au cabinet de Londres les démarches de l'envoyé russe à Téhéran.

Malheureusement, au moment même où le ministre anglais transmettait au *Foreign Office* ces graves nouvelles, le ministre russe, averti sans doute à temps par son cabinet, écrivait, comme de lui-même, une dénégation formelle de tous les procédés qui lui étaient imputés. « Il avait employé, disait-il, les recommandations les plus pressantes pour arrêter l'expédition contre Hérat, et, si sa majesté persane se décidait à marcher cet été, elle n'irait pas trop loin. »

Le comte Nesselrode envoie aussitôt cette dépêche de commande à lord Palmerston, et celui-ci, toujours prêt à se contenter sans trop d'exigences, ne trouve pas de meilleur argument contre les alarmes de M. M'Neill que de lui transmettre la lettre du comte Simonich. Il répondait ainsi aux faits attestés par son ambassadeur à la date du 1er juin, mais il feignait de ne pas avoir en même temps sous les yeux les témoignages qui les avaient confirmés deux jours après. Le recueil officiel porte la trace de cette confusion volontaire. Voici donc tout ce que lord Palmerston a d'essentiel à dire le 4 août 1837, après avoir reçu près de quatorze dépêches en moins d'un an :

« J'ai reçu votre correspondance jusqu'à la date du 3 juin, et je l'ai mise sous les yeux de la reine. Vous verrez par la lettre du comte Simonich au comte Nesselrode, dont vous avez ici une copie incluse, que le ministre russe certifie à son gouvernement qu'il avait déjà pressé le shah d'abandonner au moins pour le moment son expédition contre Hérat. »

Le comte Simonich écrivait ces lignes trompeuses le 28 mai, deux jours avant celui où M. M'Neill écrivait de son côté le récit des intrigues qui donnaient à l'agent russe un démenti si formel, et lord Palmerston n'avait pas plus tôt envoyé ces fausses assurances de paix à son ministre en Perse, qu'il recevait une nouvelle lettre où celui-ci lui apprenait que le comte Simonich jetait enfin le masque, réclamait hautement la guerre, et tantôt prétendant agir en son propre nom, se vantait de désobéir aux ordres de son gouvernement, tantôt avouait les avoir seulement un peu dépassés en poussant aux armes un prince qu'on lui avait commandé du moins de n'en pas détourner.

L'aveu était complet, digne du sang-froid moqueur de la diplomatie russe ; la trahison évidente jusqu'à l'impudence. Lord Palmerston n'avait plus de biais à prendre, et, s'il ne se taisait, il fallait en venir à des paroles décisives : il se tut. Le comte Simonich garda son poste, et l'Angleterre conserva vis-à-vis de la Russie le *statu quo* dans lequel la maintenaient à son détriment les frayeurs du cabinet whig. M. M'Neill, resté seul contre la Russie et la Perse, va suivre désormais ses propres inspirations, chercher des secours ailleurs que dans le ministère, redoubler d'énergie vis-à-vis du shah, et, par l'inflexible rigueur des mesures auxquelles le condamne la timidité de son gouvernement, précipiter de plus en plus la Perse aux bras de la Russie qu'on n'a pas osé fermer en temps utile.

M. M'Neill, d'après ses instructions, d'après toutes les recommandations de lord Palmerston, ne devait point intervenir, au nom de l'Angleterre, entre la Perse et l'Afghanistan ; il s'était à grand'peine abstenu (lettre du 24 février 1837). Tout d'un coup il se décide ; le gouvernement de l'Inde, menacé de plus près par le progrès des Russes, se hasardait à prendre l'initiative, et donnait au ministre anglais en Perse les instructions que le cabinet anglais lui refusait. M. M'Neill écrit le 30 juin 1837 :

« J'ai été chargé par le gouvernement indien de dissuader le shah d'entreprendre une autre expédition contre Hérat. Je vous ai donné à penser, dans ma dépêche du 24 février, que cette guerre me paraissait une juste guerre, et je m'étais demandé s'il était à propos de l'interrompre par des menaces ; mais maintenant le gouvernement d'Hérat offre des conditions si avantageuses, que je suis convaincu que la Perse ne saurait gagner davantage en force et en sécurité par la conquête de la place : de ce moment donc il me semble que la guerre même est devenue fort injuste. L'esprit du traité de 1814 est en effet que l'Angleterre assurera la paix entre la Perse et l'Afghanistan, et non point la conquête de celui-ci par celle-là. »

C'était une interprétation toute contraire à celle que supposaient les instructions de juin 1836 ; c'était une intervention directe et active mise à la place d'une neutralité indifférente, c'était faire ce qu'avait demandé M. Ellis, menacer la Perse d'un côté pour l'empêcher de céder aux menaces de l'autre. « Je ne vois pas, écrivait M. M'Neill le 4 juillet, pourquoi nous cacherions à la Perse que la nécessité de pourvoir à notre propre sûreté nous oblige à réclamer d'elle qu'elle s'abstienne d'attaquer nos remparts et d'affaiblir notre position. »

Mais il eût fallu, pour le succès de cette nouvelle conduite, que le ministre anglais parlât au nom de son cabinet ; il ne parlait encore qu'au nom du gouvernement de l'Inde, et la Perse n'était pas assez convaincue que l'effet suivrait : elle comptait trop bien sur cette alliance forcée qui enchaînait l'Angleterre aux œuvres de la Russie. Le 11 juillet 1837, après dix-neuf mois d'agressions déclarées, confiant dans l'impunité que lui méritait la protection du czar, le gouvernement persan déclare officiellement qu'il ne se considère plus comme engagé par les traités qui l'unissaient à l'Angleterre ; c'était la réponse dictée par la Russie à l'intervention tardive signifiée par M. M'Neill. Celui-ci demande des explications qu'on ne daigne pas lui donner, ou qu'on n'a pas jugé à propos de communiquer au parlement. Trois mois après, son messager est insulté ; c'est encore une difficulté de plus. Il écrit lettres sur lettres pour demander à lord Palmerston d'appuyer énergiquement les réparations qu'il réclame ; mais il a bien soin de lui montrer en même temps toute la gravité de la situation dans l'ensemble général des circonstances, dans les mouvements de la Perse, dans les menées de la Russie ; l'insulte faite au messager n'est qu'un trait du tableau.

« En un temps où le gouverneur de Ghilan est amené ici chargé de chaînes, livré à la disposition de l'ambassadeur russe et puni au gré de son excellence pour avoir exécuté la sentence de la loi contre un mahométan sujet de la Russie, je crains en vérité de n'avoir pas exigé une réparation assez complète. » (25 novembre 1837.)

Et le lendemain, rattachant cet incident à la guerre d'Hérat, comme une preuve assez claire de l'insolence à laquelle le gouvernement persan se croirait autorisé par cette conquête, il écrivait encore :

« Les ministres du shah ont ouvertement dit qu'ils croyaient que la possession d'Hérat serait pour eux une sorte de main mise sur l'Angleterre, que l'Angleterre n'aurait plus désormais rien à leur refuser, que, cette place une fois en leur pouvoir, ils seraient, quand ils le voudraient, tout-à-fait maîtres ou de nous troubler dans l'Inde, ou d'en livrer le passage à nos ennemis. »

Enfin, n'ayant toujours pour s'aider dans ses négociations que cette inutile dépêche du 4 août 1837, où on lui vantait l'innocence du comte Simonich, M. M'Neill écrit de nouveau le 18 janvier 1838 :

« Je n'ai pas besoin de répéter à votre seigneurie tout ce que je pense de l'effet que pourrait produire la chute d'Hérat sur la tranquillité intérieure et la sécurité de l'Inde anglaise, et je ne conçois pas qu'il y ait un traité qui puisse nous obliger à permettre qu'on menace ainsi la stabilité de notre empire en dent. L'évidence du concert établi entre la Perse et la Russie dans des rues hostiles aux intérêts anglais est chose qu'on ne peut nier, et la grandeur du mal qui nous menace est à mon compte si prodigieuse, qu'on ne peut miner que ce soit une puissance alliée qui veuille y contribuer. Nos rapports avec la Perse ont originairement pour but avoué d'assurer une garantie de plus à nos possessions dans l'Inde, et elles ont été maintenues dans l'intention de nous protéger contre le seul état qui pouvait nous menacer de ce côté-là ; mais si la Perse, d'accord avec cet état lui-même, emploie tous ses efforts à détruire cette sécurité qui était le seul objet de notre alliance avec elle, si elle ne s'occupe qu'à faciliter et à presser les desseins que cette alliance avait pour but de combattre, j'avoue que je ne puis nous croire encore tenus à la lettre d'un traité dont l'esprit est si manifestement violé. Je n'hésite point à répéter encore, à confirmer une opinion très solidement établie chez moi : si nous voulons garder l'alliance de la Perse aussi longtemps que possible, il faut l'empêcher de prendre Hérat. »

On ne pouvait avoir ni plus de sens ni plus de fermeté : maintenir ses alliés dans le juste respect de l'amitié même qu'ils professent pour vous, c'est le vrai moyen de les garder en leur évitant les rencontres fâcheuses qui les font perdre. Cependant, à toutes ces instances, à toutes ces explications si claires et si pressantes, qu'est-ce que lord Palmerston répondait ? Au commencement de février 1833, il avait reçu toutes les lettres de novembre 1837, comme il avait reçu toutes celles de juin au mois d'août ; mais, toujours soigneux de décliner les embarras et de reculer les solutions, il feignait alors, comme il avait déjà feint, d'ignorer la situation tout entière. Il fermait les yeux sur les dépêches les plus alarmantes, et parfaitement informé de la rupture déclarée, le 11 juillet, par le gouvernement persan, de l'arrivée des agents russes dans le Kaboul, de l'ouverture des hostilités sous la direction du comte Simonich, de tous ces graves évènements où le cabinet de Saint-Pétersbourg se trouvait de plus en plus impliqué, lord Palmerston ne songeait encore à parler que du messager insulté, parce que, sur ce point-là du moins, on pouvait prendre la Perse toute seule à partie. Quant au reste, on verrait plus tard.

« J'ai la satisfaction de vous informer que le gouvernement de

S. M. approuve entièrement la direction que vous avez prise et la marche que vous avez suivie dans toutes les matières auxquelles se rapportent vos dépêches.

« Je remets à vous envoyer de plus amples instructions relativement aux affaires dont vous traitez jusqu'à ce que vous m'ayez informé de la réponse faite par le gouvernement persan aux demandes très convenables que vous lui avez adressées. »

Lord Palmerston n'était pas heureux dans sa correspondance diplomatique. Le 4 août 1837, il certifiait la sincérité du rôle joué par le comte Simonich au moment même où celui-ci convenait de sa mauvaise foi. Le 12 février 1838, il attendait tranquillement les réparations du gouvernement persan au moment où M. M'Neill recevait l'assurance qu'on n'en ferait pas, et comme il avait différé tout exprès de donner d'autres instructions, son envoyé se trouvait les mains liées en face des manœuvres toujours plus actives de la Russie et du progrès toujours plus menaçant de la Perse.

En effet, dans quel moment devait arriver cette lettre du 12 février ? Le shah s'est remis en campagne : il a de nouveau marché sur Hérat ; M. M'Neill n'a pu se résigner à rester plus longtemps immobile. Sur l'ordre fort indirect du gouverneur-général de l'Inde, il se rend lui-même au camp d'Hérat (8 mars 1838) pour forcer les Persans à suspendre les hostilités. Il presse, il menace ; le shah s'excuse comme il s'excusait auprès de M. Ellis. Il n'est pas libre de ses volontés, il n'est pas maître de ses mouvements. « Il craindrait de donner ombrage au gouvernement russe en abandonnant la place avant qu'elle fût prise. S'il eût su qu'il courait risque de perdre l'amitié du gouvernement anglais, il n'en serait certainement pas venu jusque-là. Si M. M'Neill était à même de lui annoncer que l'Angleterre l'attaquerait au cas où il ne se désisterait pas, il se désisterait tout de suite. Il fallait seulement qu'on lui parlât au nom de l'Angleterre de manière à le rassurer contre la Russie. » M. M'Neill faisait de son mieux à lui tout seul, et gagnait du temps ; il allait des assiégeants aux assiégés, de la ville au camp, portant, échangeant, dictant les concessions des deux partis. Il avait déjà posé les préliminaires de la paix ; mais arrivent alors à la fois devant Hérat et l'ambassadeur russe et la dépêche anglaise du 12 février. La paix est rompue. Le comte Simonich reprend du jour au lendemain l'empire qui lui échappait, M. M'Neill perd toute autorité ; la lettre de lord Palmerston lui retire tout moyen d'agir. Pas un mot à l'adresse de la Russie ; rien sur la question d'Hérat ; toute cette grande affaire subordonnée à l'arrangement d'une difficulté secondaire ! *I delay sending further instructions* ! M. M'Neill n'avait plus rien à dire.

Son crédit baissa rapidement quand on le vit si mal soutenu ; les déplaisirs et les affronts de toute sorte tombèrent bientôt sur les Anglais. La Russie exigea qu'on renvoyât les officiers qui se trouvaient encore au service du shah, et, par une de ces coïncidences malheureuses auxquelles lord Palmerston s'exposait toujours à force d'égards pour des amis douteux qui ne répondaient jamais qu'avec de fâcheux procédés, les officiers anglais furent chassés du camp d'Hérat au moment où M. M'Neill recevait l'ordre de les laisser à la disposition du shah tant qu'il ne serait pas lui-même obligé de quitter le territoire persan [14]. Il lui fallut presqu'aussitôt se résoudre à cette dernière extrémité ; il lui fallut rompre toutes relations diplomatiques et se retirer sans avoir même abordé officiellement aucune discussion qui touchât aux intrigues russes, rompre et se retirer pour ce tort insignifiant du gouvernement du shah vis-à-vis de son messager, et non point pour cette hostilité continue qui depuis trois ans menaçait les barrières de l'Inde anglaise. La majesté du nom britannique était perdue au grand profit de ces bons alliés qui avaient inventé tout exprès l'entente cordiale de l'Angleterre et de la Russie en Orient.

Meshed, 25 juin 1838.

M. M'NEILL A LORD PALMERSTON

« Après avoir épuisé tous les moyens que je pouvais imaginer pour amener le gouvernement persan à m'accorder la satisfaction qu'il me doit au sujet du messager, voyant bien que je n'obtiendrais rien, je me suis enfin senti obligé de quitter la cour.

« Il est maintenant de toute nécessité qu'une réparation publique vienne prouver aux peuples de la Perse et de l'Asie centrale qu'on ne nous insulte pas impunément. Nous ne saurions autrement, je ne dis pas reprendre notre première position, mais garder encore un peu de considération et de crédit. Les Persans et les Afghans réunis au camp du shah ont vu avec une sorte de stupéfaction qu'on pût traiter une ambassade anglaise comme une troupe de proscrits, punir ceux qui par hasard l'approchaient, et permettre à des officiers russes de menacer quiconque était surpris me rendant visite sous ma tente. »

C'est après en être venu à ces extrémités, c'est après qu'il ne reste plus aucun espoir de l'emporter par une sage et ferme assurance que M. M'Neill reçoit la réponse écrite à sa lettre du 8 mars, en date du 21 mai. Cette fois, on lui permettait d'agir au nom de l'Angleterre, et de déclarer nettement la façon dont elle considérait les procédés du shah :

« Il fallait lui dire tout de suite, mandait lord Palmerston, que le gouvernement britannique voyait dans cette expédition un esprit d'hostilité tout-à-fait incompatible avec l'esprit et l'intention de l'alliance établie entre la Perse et la Grande-Bretagne. »

Au même moment, une flotte anglaise, envoyée par le gouvernement de l'Inde, débarquait sur la côte de Perse, et prenait possession de l'île de Karrack. M. M'Neill renvoie alors un émissaire au camp du shah, pour y annoncer et la résolution de lord Palmerston et l'arrivée du corps d'invasion. Il pouvait enfin menacer et agir en liberté. Il n'était plus temps.

Avant que mon message fût arrivé jusqu'au shah, un traité avait été conclu entre le prince de Kandahar et sa majesté persane ; le ministre russe avait formellement garanti' l'accomplissement des engagements contractés par les deux parties. Un traité du même genre était en voie d'achèvement avec le Kaboul, et le capitaine Vicovitch, après avoir vu le shah dans son camp, était reparti pour Kaboul et Kandahar, muni de grosses sommes destinées à terminer les arrangements qu'il avait si heureusement commencés, à établir la domination persane et la suprématie russe sur tous les états afghans. Le pays entier qui va des frontières russes de l'Araxe aux bords de l'Indus avait été insensiblement travaillé et soulevé par des agents moscovites, les uns ouvertement accrédités, les autres envoyés sans mission publique, tous occupés à former une grande ligue qui non-seulement contrariât les vues et les intérêts de l'Angleterre, mais encore troublât et menaçât son empire en Orient. »

Voilà donc jusqu'où s'avançaient maintenant les intrigues des Russes, et nous les suivrons bientôt dans cette seconde route qu'on leur avait faite par le Kaboul jusqu'aux limites de l'Hindoustan. Le camp d'Hérat, que l'Angleterre avait inutilement voulu dissoudre, servait ainsi de rendez-vous à tous ceux qui conspiraient contre elle soit sur l'Indus, soit sur l'Euphrate, et c'était de là que partaient les trames qui, grâce à sa fausse politique, allaient ainsi l'amener à jeter elle-même le désordre et la guerre dans toute la Haute-Asie. La Russie se montrait partout à la fois, partout hostile et tracassière, partout armée des mêmes artifices et employant les mêmes hommes. Vicovitch à Kaboul joue le même rôle que Simonich à Téhéran, pesant sur les princes indigènes de tout le poids de la constance moscovite et de l'inconséquence ou de l'inertie des Anglais. Nous trouverons là tout à l'heure de nouvelles scènes diplomatiques, contemporaines des premières, qu'elles expliquent, et dont elles préparent le dénouement.

C'est en vue de ce dénouement, c'est en songeant à tous ces grands évènements qui vont éclater en Asie plutôt peut-être qu'aux faits accomplis en Perse, c'est en voulant parer à d'autres embarras, à de nouveaux périls, que lord Palmerston écrit sa dernière lettre à M. M'Neill, le 27 juillet 1838. Il renonçait enfin au système de réserve et de temporisation qu'il avait jusque-là pratiqué vis-à-vis de la Perse ; il découvrait dans le traité de 1814 non plus une raison d'immobilité, comme à l'époque de ses dépêches de juin 1836, mais un droit d'intervention, comme le voulait M. M'Neill en janvier 1838. Il allait plus loin qu'il n'avait jamais été : il ne se contentait plus de signaler l'influence russe comme une embûche éternelle sur le chemin de la Perse, comme une séduction funeste dont la Perse seule avait à se méfier pour son compte et dans son intérêt ; il proclamait tout haut que les suggestions de la Russie étaient décidément contraires à la paix et à la fortune de l'Angleterre.

C'était un grand effort, un effort inutile après les extrémités auxquelles on en était réduit du côté de la Perse, un effort sans but et sans résultat, s'il ne portait point ailleurs qu'où l'on semblait le diriger. Voici la lettre de lord Palmerston :

« Monsieur, vous aurez à représenter au shah de Perse que l'esprit et l'intention du traité qui unit son empire à la Grande-Bretagne, c'est de faire de la Perse une barrière défensive pour la sûreté des possessions anglaises dans l'Inde, c'est de procurer à l'Angleterre la coopération du gouvernement persan pour la défense de l'Orient. Or, il semble au contraire que le shah ne soit occupé qu'à détruire les états qui, séparant la Perse de l'Inde, peuvent nous servir de barrières accessoires, et dans cette entreprise il s'est ouvertement allié avec une autre puissance européenne pour exécuter des projets qui, s'ils ne sont point absolument hostiles, ne sont certainement pas ceux d'un gouvernement ami. Les choses en étant là, comme le shah n'a pas reculé devant des procédés tout-à-fait contraires à l'esprit du traité ci-dessus mentionné, l'Angleterre se sent complètement libre de renoncer désormais à cette même convention, et d'adopter toutes les mesures que pourront lui suggérer l'intérêt et la sécurité de ses possessions. »

Lord Palmerston n'avait pas su garder l'alliance de la Perse au temps où il n'était besoin que de modération et de fermeté ; maintenant qu'il l'avait perdue, il en venait à la violence et aux menaces. C'est que le gouvernement anglais, sortant de cette indécision où l'avait si long-temps arrêté la crainte de la Russie, prenait enfin un parti extrême, non pas contre la Russie, qu'il ménageait toujours, non pas même contre la Perse, qui restait bravement son ennemie sous la protection du czar, mais contre l'Orient tout entier, qu'on voulait alors frapper de terreur et soumettre à l'impression de la puissance britannique après lui avoir, pendant quatre ans, donné le spectacle de sa faiblesse. On voulait se relever de l'abaissement où l'on était tombé en acceptant l'alliance russe par quelques grands exploits qu'on allait faire au nom de l'Angleterre toute seule. On s'était amèrement repenti de la mollesse avec laquelle on avait combattu les progrès du czar en Perse ; on voulait les arrêter dans l'Afghanistan comme par un coup de foudre, et l'on avait si peur de se laisser gagner de vitesse par cette infatigable activité de la diplomatie moscovite, qu'on préférait tout détruire à l'avance sur son passage. Nous verrons bien où conduisit ce nouveau système, nous le jugerons par ses fruits.

Quoi qu'il en soit, la dépêche écrite le 27 juillet 1838 à l'adresse du gouvernement persan tenait donc sa place dans un ensemble de mesures qui touchaient et s'appliquaient ailleurs. Il s'agit maintenant d'arriver à ces mesures suprêmes auxquelles lord Palmerston se fiait pour arracher la Russie de l'Orient ; il faut en chercher les causes sur le théâtre où se produisaient alors les évènements qui les motivèrent.

Section III.

Depuis quatre ans que le cabinet de Londres veillait ainsi lui-même d'une façon assez malheureuse aux affaires de la Perse, le gouvernement indien avait été très occupé dans les royaumes de Kaboul et de Lahore ; il s'était effrayé de ces pas si rapides, qui rapprochaient tout d'un coup les Russes de l'Indus, et, troublé par ce fatal assentiment que l'Angleterre donnait elle-même à leur marche, déconcerté par cette alliance imprévue qui les implantait à Téhéran comme ses amis, il avait cherché de nouvelles forces pour se défendre contre eux. L'année même où l'accord des deux grandes puissances, au sujet de la Perse, se trouvait professé par lord Palmerston, le gouvernement de l'Inde, regardant comme rompue cette barrière qui l'avait si long-temps protégé, travaillait à s'en élever d'autres, et, voulant remplacer l'appui qui venait de lui manquer, déclarait officiellement l'union qu'il avait contractée depuis 1828 avec le roi de Lahore [15].

Ainsi, tandis que le cabinet de Londres admettait qu'il y eût un concert permanent, des vues uniformes, des communications sans réserve entre ses agents et ceux de Saint-Pétersbourg, le gouvernement de l'Inde ne songeait qu'à parer aux effets inévitables de cette funeste combinaison, et regardait comme un mortel danger pour Calcutta cette grande amitié qu'on prétendait faire passer pour un expédient si merveilleux à Téhéran. Or, quelle que fût l'indépendance primitive de la compagnie, ses directeurs avaient petit à petit perdu la meilleure partie de leurs attributions souveraines, et, notamment depuis 1833, ils ressortissaient pleinement et entièrement du ministère ; l'*India-Board*, ou bureau du contrôle, était devenu tout-à-fait une autorité hiérarchique imposée par les chambres à la cour des directeurs ; le président de l'*India-Board* était membre du cabinet et collègue obéissant de lord Palmerston : c'était donc avec sa permission et sous sa responsabilité que la compagnie s'effrayait si singulièrement d'une politique dont il était l'auteur, c'était lui qui jetait l'Angleterre aux bras des Sykhs de Lahore. En même temps et parce qu'il abandonnait la Perse aux exigences des Russes, il reculait pour se défendre de l'Euphrate à l'Indus, et protestait à distance par cette union malencontreuse avec Rundjet-Singh contre cette union mensongère qu'il se laissait imposer par le czar. C'était un subterfuge qu'il croyait bon pour remédier, sans trop de péril, aux exigences des Russes, et contrarier de loin des progrès qu'il n'osait empêcher de plus près. Lord Palmerston se trompait encore, et ses timides calculs ne devaient pas le servir d'un côté plus que de l'autre.

Le gouvernement de l'Inde avait fait beaucoup pour ruiner sa domination et mériter la désaffection de ses sujets. Il n'avait rien fait qui pût mieux que cette alliance nouvelle le déconsidérer et l'affaiblir. Nous ne voulons pas entreprendre ici le tableau des révolutions de la Haute-Asie, et décrire longuement la situation respective des Afghans et des Sykhs ; notre but n'est pas de suivre toutes ces vicissitudes intérieures par lesquelles a passé l'établissement des Anglais dans l'Inde : notre but est seulement de caractériser la lutte qu'ils y ont soutenue contre la Russie, de signaler partout ce même tort dont ils ont partout porté la peine, cette faiblesse pusillanime en face d'un ennemi dont les exigences se multipliaient toujours avec leurs concessions, cette sorte d'imbécillité morale qui les poussait dans un plus grand mal par peur d'un moindre. Il nous suffira donc de rappeler en quelques mots l'état général du pays pour qu'on puisse aussitôt se représenter le même spectacle qu'on a déjà vu dans les affaires de Perse : l'Angleterre, inquiète et comme éperdue, fuyant à tout hasard cette main redoutable que la Russie semble étendre sur elle, et tombant de mécomptes en mécomptes, parce qu'elle a d'abord biaisé devant le péril au lieu d'aller droit à lui.

Qu'étaient-ce en effet que les Sykhs ? Une population toute

nouvelle au milieu de ces antiques populations de l'Orient, une race qui n'avait ni traditions ni ancêtres, comme les Rohillas, les Afghans, les Persans, les Turcomans ou les Radjpoutes ; une nation de soldats envahisseurs également détestés des mahométans et des Hindous au milieu desquels ils vivaient à part, condamnés à cet isolement par la seule différence de leur religion plus encore peut-être que par les jalousies éveillées autour de leur récente fortune. Cette fortune avait son origine dans le génie d'un seul homme, admirablement servi d'ailleurs par les circonstances au milieu desquelles il avait grandi. Le trône de Rundjet-Singh s'était élevé sur les débris de l'empire renversé des Afghans. Assez redoutables au commencement du siècle pour obliger l'Angleterre à rechercher contre eux l'alliance de la Perse, assez inquiétants encore en 1814 pour que l'Angleterre les abandonnât alors volontiers à l'ascendant du shah, les Afghans avaient succombé vers ce temps-là sous leurs propres dissensions. La famille des Douraniens, à laquelle ils devaient toute leur splendeur d'autrefois, avait fini par céder la place à la famille victorieuse des Baraksaïs. Diminué de moitié, l'empire avait formé quatre petits royaumes : Hérat, Kaboul, Kandahar et Peshawer. De tous les membres de l'ancienne dynastie, il n'y en eut qu'un seul qui sut se garder une couronne ; ce fut Shah-Kamran, prince d'Hérat, le même qui se défendait encore si énergiquement contre la Perse. Un autre Douranien, Shah-Soudjah, banni d'abord du trône de Kaboul par son propre frère en 1810, avait été dépouillé de toute chance d'y remonter par l'avènement du Baraksaïs Dost-Mohammed Il avait pourtant conservé toujours un espoir opiniâtre. C'est cet espoir d'un prétendant incapable que nous allons voir exploité par les convoitises réunies des Sykhs et des Anglais.

C'était sous ombre du droit de ce malheureux prince, et à titre de protecteur, que Runjet-Singh avait commencé ses conquêtes. Il avait pris, depuis vingt-cinq ans, la meilleure part des terres afghanes, le Moultan en 1810, Cashmir en 1819, Peshawer en 1823 ; il avait assemblé, discipliné, aguerri des armées. Maître de toutes ces riches contrées, fier de la force militaire qu'il tenait de ses généraux européens, il voulait maintenant aller jusqu'au Kaboul, et, comprenant les ressources de la diplomatie tout aussi bien que la manœuvre du soldat, il employait cette singulière finesse du génie barbare à se rattacher au gouvernement des Indes, tout en gardant son indépendance et son ambition. Il comptait détrôner Dost-Mohammed avec l'amitié violentée de Shah-Soudjah pour prétexte, et l'appui intéressé de l'Angleterre pour justification souveraine.

A quoi donc l'Angleterre devait-elle se résoudre ? Quel parti prendre et quelle alliance choisir ? Celle du prince régnant à Kaboul, ou celle du roi conquérant de Lahore ? La question avait été implicitement décidée en 1828, lorsque la nouvelle du traité de Turkmantschaï et la crainte de voir la Perse livrée sans défense à la Russie firent ouvrir des relations amicales avec Runjet-Singh. Cette décision s'était encore trouvée confirmée en 1833, lorsque le secrétaire-général de la compagnie des landes, à l'entrée d'une nouvelle campagne entreprise sans plus de succès par Runjet-Singh et Shah-Soudjah contre Kaboul, avait positivement déclaré « que le gouvernement anglais portait un intérêt direct à leur expédition. » La position allait enfin se marquer d'une manière tout-à-fait nette en 1838, par un traité formellement et officiellement consenti entre l'Angleterre et le roi de Lahore.

Avait-on là trouvé la voie la plus sûre ? Il était plus que permis d'en douter ; on ne pouvait se donner d'amis qui fussent moins considérés en Orient, on ne pouvait perdre à plaisir un rôle plus avantageux que celui dont on se privait par cette alliance exclusive, le rôle de modérateurs et d'arbitres par où l'on eût concilié les Afghans et subordonné les Sykhs. Malheureusement on était si troublé de l'approche des Russes, qu'on ne se croyait plus jamais ni assez loin d'eux, ni assez protégé contre eux ; on avait travaillé si longtemps à la ruine de l'Afghanistan de concert avec la Perse, qu'une fois la Perse marchant à son tour de concert avec la Russie, on croyait déjà l'Afghanistan perdu avant même que la Russie y eût mis le pied, et comme on s'était condamné à servir humblement cette politique, comme on prêtait à ce double progrès de la Russie et de la Perse le concours d'une bonne intelligence trop hautement professée pour qu'on pût la desservir sous-main d'une façon bien efficace, on n'avait plus d'espoir de résistance que dans les Sykhs, et l'Angleterre comptait que Runjet-Singh saurait mieux qu'elle faire face au czar. Singulière préoccupation de ces politiques aveuglés ! On n'oubliait qu'une chose, c'est que depuis

1824 Lahore était en correspondance avec Saint-Pétersbourg ; c'est que Runjet-Singh avait en ce temps-là juré « que le moment était venu de chasser enfin les Anglais de l'Asie, » c'est qu'il se méfiait tellement de l'Angleterre, qu'il avait d'abord refusé de recevoir Allard et Ventura, de peur qu'ils ne fussent des Anglais déguisés. On voulait croire que l'intérêt de son ambition et de sa vengeance contre les Baraksaïs lui ferait oublier ces vieux ressentiments, et l'on s'obstinait à ne pas voir que les Baraksaïs eux-mêmes se trouvaient par la violence de leurs antipathies nationales, par suite des dangers qu'ils couraient, les ennemis les plus certains de la puissance moscovite. On fermait les yeux à cette leçon du passé qui disait si clairement que, pour arrêter les Persans en 1834, il fallait s'appuyer sur les Afghans, comme on s'était appuyé sur les Persans, en 1799, pour résister aux Afghans [16]. C'était là d'ailleurs l'avis d'Alexandre Burnes ; il écrivait : « Si nous pouvons rétablir l'union dans la famille des Baraksaïs, ce que je regarde comme très aisé, nous élèverons dans ce pays, au lieu d'états divisés et ouverts à toutes les intrigues, une barrière qui préservera nos possessions. » Dost-Mohammed, homme intelligent et résolu, se fût prêté de grand cœur à cette salutaire politique ; mais, menacé par l'alliance du prétendant Douranien avec les Sykhs et par l'alliance des Sykhs avec les Anglais, il ne pouvait renoncer à se chercher un appui d'un autre côté ; l'Angleterre elle-même, à force de rigueurs mal entendues et de partialité maladroite, le jette malgré lui dans les bras des Russes, les appelant ainsi sur le chemin qu'elle prétendait leur fermer.

La première communication dont il y ait preuve entre le Kaboul et la Russie date du commencement de 1836 ; encore a-t-elle été regardée plus tard comme une invention mensongère, et, quand on l'a mise sous les yeux du parlement, on n'en avait pas au préalable bien vérifié l'authenticité. C'est une lettre adressée par Dost-Mohammed à l'empereur, quoique Dost-Mohammed ait toujours soutenu qu'il ne l'avait pas écrite. On était peut être bien aise d'avoir à l'avance un grief contre un prince qu'on voulait à toute force traiter en ennemi. Vraie ou supposée, voici la lettre du khan de Kaboul :

« Il y a beaucoup de sujets de querelles et de différends entre la maison royale des Douraniens et la mienne. Le gouvernement anglais incline à soutenir Soudjah-Oul-Moulk. Ce gouvernement a sous sa domination l'Hindoustan tout entier, et il est très lié avec Runjet-Singh, le seigneur du Pandchab, son voisin. Il ne montre point à mon égard de sentiments favorables, parce que j'ai toujours combattu les Sykhs tant que je l'ai pu. Votre gouvernement impérial a fait amitié avec les Persans ; s'il plaisait à votre majesté d'arranger aussi les choses dans le pays des Afghans et d'assister cette nation, qui se monte à vingt lacs de familles, vous me rendriez votre serviteur. J'espère que votre majesté impériale m'accordera la faveur de me recevoir comme les Persans eux-mêmes sous sa protection particulière et sous celle de son gouvernement. Mes Afghans et moi nous pouvons devenir utiles de plus d'une façon, et c'est chose qu'on pourrait toujours essayer, quoi qu'il plût à votre majesté de décider à notre sujet. » Si Dost-Mohammed était réellement l'auteur de cette dépêche, il avait bien changé de conduite au mois de mars suivant ; lord Auckland venait d'arriver, en qualité de gouverneur-général, amenant avec lui l'espoir d'une nouvelle politique. Post-Mohammed s'empresse de retourner aux Anglais et d'en appeler à eux.

« Votre seigneurie n'ignore pas les dernières transactions qui ont eu lieu dans ce pays, la conduite injuste et malavisée des Sykhs, les infractions qu'ils ont commises contre les traités. Dites-moi tout ce que votre sagesse pourra vous suggérer pour régler cette affaire ; instruisez-moi, guidez-moi. J'espère que votre seigneurie me considérera, moi et mon peuple, comme étant tout à elle, et me favorisera souvent de ses lettres bienveillantes. Quoi qu'il vous plaise de décider par rapport à mon gouvernement, je m'y conformerai toujours. »

Lord Auckland répondit le 22 août avec les assurances les plus amicales, promettant son impartiale médiation pour réconcilier les Afghans et les Sykhs. C'était encore le temps où le ministère louvoyait en Perse, biaisant et reculant devant les Russes ; il n'avait pas davantage de parti pris dans l'Inde ; on s'en tenait même à peu près aux règlements des communes de 1782 qui ordonnaient à la compagnie une absolue neutralité vis-à-vis des princes du pays. C'était alors d'ailleurs que l'on se laissait si facilement rassurer par lord Durham au sujet du comte Simonich ; on affectait la tranquillité, on se dissimulait quand même les progrès des Russes ; il était naturel qu'on permît à la cour des directeurs de reprendre un moment ses vieilles traditions de sagesse, et de séparer encore une fois sa politique des complications européennes. Ils écrivaient donc le 20 septembre 1837, en réponse à toutes les communications du gouverneur-général du 2 juillet 1832, au 17 mars 1836 :

« Quant à ce qui concerne les états qui sont à l'ouest de l'Indus, vous avez uniformément suivi la ligne que vous deviez tenir ; il ne faut avoir de liaison politique avec aucun gouvernement de ce pays, il ne faut prendre aucune part dans leurs querelles. »

Le principe n'avait peut-être pas été si rigoureusement observé qu'on voulait bien le dire ; mais, enfin, on le professait toujours ; il allait suffire d'une année pour tout renverser. Et cependant à la même époque, au commencement de 1837, lord Auckland envoyait Burnes à Kaboul, lui mandant qu'il eût à s'y occuper uniquement de relations commerciales et d'intervention pacifique ; on ne prétendait apaiser les différends de Dost-Mohammed et de Runjet-Singh que dans l'intérêt même du chef afghan et pour lui éviter sa ruine. Or, celui-ci avait su jusque-là se défendre tout seul, et l'on se rendit si suspect, on s'employa si brutalement pour le convertir à la paix, qu'on l'amena forcément à la guerre, à la guerre contre les Anglais et non plus contre les Sykhs. Un si fâcheux dénouement n'était point de la faute de Burnes : il l'éloigna tant qu'il put ; mais de nouveaux acteurs, apportant de nouvelles intrigues sur un théâtre réservé naguère à l'influence britannique, avaient ainsi subitement exaspéré les inquiétudes du gouvernement de l'Inde, et grossi ses exigences avant même que les ordres de Saint-James le précipitassent aux dernières extrémités. Les agents russes paraissaient pour la première fois dans le Kaboul ; ils allaient y jouer le même rôle qu'en Perse, et cette approche inattendue déconcertait d'autant plus qu'on osait moins s'en plaindre à qui devait en répondre.

Section III.

Burnes entre à Kaboul au mois de septembre 1837 ; il est reçu de la manière la plus honorable et la plus flatteuse. Mais au mois d'octobre arrive à Kandahar un agent de la Perse avec des présents et des robes pour Dost-Mohammed ; au mois de décembre, un agent russe, le lieutenant Vicovitch, s'introduit à Kaboul même, sous prétexte d'apporter la réponse de l'empereur à cette lettre qu'on disait écrite par Mohammed au commencement de 1836.

L'ouvrage de Burnes est ici très précieux ; il complète et explique les documents publiés par le gouvernement anglais, et l'on y retrouve fort à point le reste des dépêches mutilées tout exprès dans l'édition officielle pour faire croire à l'initiative malveillante et à l'hostilité déterminée du khan de Kaboul. Il fallait en effet, quand on en usait avec lui d'une si dure façon, qu'on eût de bonnes raisons de le prendre pour ennemi. La meilleure, c'est qu'on était violent en Orient parce qu'on voulait ménager les Russes en Europe ; mais celle-là ne pouvait guère se dire, et Burnes, qui ne la connaissait pas, avait certifié par les témoignages les plus positifs les bons sentiments de Mohammed à l'égard des Anglais Le malheureux Burnes était, connue M. M'Neill, un homme parfaitement instruit des habitudes et des calculs de la politique orientale, des idées et des passions de tous ces princes demi-barbares dont l'Angleterre et la Russie se disputaient la conduite avec des chances si différentes : Burnes et M'Neill étaient de plus des esprits justes et des caractères solidement trempés. Or, par une remarquable coïncidence, chacun arrivait de son côté à des conclusions analogues : l'un soutenait que la crainte seule soumettrait la Perse à la Russie ; l'autre, que la crainte seule soumettrait l'Afghanistan à la Perse [17]. Tandis que M'Neill assurait qu'il suffisait de la décision bien arrêtée de l'Angleterre pour maintenir le shah dans son alliance, Burnes affirmait qu'il faudrait qu'elle poussât bien rudement pour obliger le khan de Kaboul à rompre avec elle. Et voici justement que le ministère britannique, qui avait hésité trois grandes années avant d'intervenir officiellement en Perse, brusque en moins de six mois une intervention rigoureuse dans les affaires de l'Afghanistan. C'est que sa précipitation avait même cause que ses lenteurs ; elle en était le fruit et la punition : il lui fallait enfin une guerre à Kaboul pour n'avoir pas su demander à Saint-Pétersbourg les justes explications qu'on lui eût certainement données, s'il avait moins attendu et moins tergiversé. Il n'y avait pas là deux politiques ; il n'y en avait qu'une, la politique de l'équivoque et de la faiblesse qui recule le plus possible devant les difficultés, et les franchit à contre-temps en en créant d'autres, parce qu'il lui manque le sang-froid qui les résout à propos.

En Afghanistan comme en Perse, le ministère, soit directement, soit par l'intermédiaire du gouverneur de l'Inde, n'agissait ainsi qu'en opposition permanente avec les rapports de ses envoyés ; aussi plus tard brouillait-il ceux de M'Neill et tronquait-il ceux de Burnes. Écoutons seulement Burnes lui-même rendre justice aux véritables dispositions du khan de Kaboul. Il écrivait, le 20 décembre 1837, au secrétaire-général de la compagnie des Indes :

« Monsieur, j'ai l'honneur de vous transmettre, pour en informer son excellence le gouverneur-général de l'Inde en son conseil, la nouvelle très extraordinaire que voici : il est arrivé hier dans cette ville un agent qui vient directement de la part de l'empereur de Russie. Dans une circonstance d'une nature si imprévue, je n'ai pas voulu vous envoyer de courrier avant d'être mieux informé. Hier même au matin, Dost-Mohammed m'a rendu visite pour me demander conseil, disant qu'il s'en rapportait à moi dans cette occasion ; qu'il ne voulait avoir affaire avec aucune autre puissance que l'Angleterre ; qu'il ne voulait recevoir aucun agent étranger tant qu'il lui resterait l'espoir de se concilier notre sympathie ; qu'il était enfin tout prêt à chasser l'agent russe, à l'arrêter en route, à le traiter comme on l'entendrait. C'est à ma requête qu'on laisse le lieutenant Vicovitch pénétrer jusqu'ici. »

Rien n'était plus rassurant que cette dernière partie de la dépêche ; le ministère anglais l'a prudemment supprimée. En publiant ses documents après la guerre faite, il ne voulait pas qu'on vît qu'il eût pu se passer de la faire. C'est pour cela qu'il retranche encore cette autre lettre tout aussi significative :

« Depuis que je suis ici, j'ai vu un agent de la Perse pénétrer jusqu'à Kandahar, s'annoncer avec les promesses les plus séduisantes, et obligé pourtant de quitter tout aussitôt le pays, parce que personne n'était allé le prier de venir à Kaboul. Après lui, ce fut un agent russe, qui, porteur de compliments magnifiques et d'engagements très solides, ne reçut pour tout accueil que les stricts égards commandés par le droit des gens et de l'hospitalité. Le khan de Kaboul ne s'est pas même autorisé des offres qu'on lui faisait pour traiter de plus haut avec nous ; il a dit que ses intérêts étaient attachés à l'alliance anglaise, et qu'il ne l'abandonnerait pas tant qu'il lui resterait le moindre espoir de la conserver. »

Cette lettre était du 15 janvier 1835 ; elle était écrite par Burnes au milieu de la négociation qu'il suivait pour opérer un rapprochement entre les Afghans et les Sykhs. Il s'en fallait que cette besogne fût aisée : Dost-Mohammed ne pouvait se rassurer en songeant à l'amitié des Anglais et de Runjet-Singh, son implacable ennemi, l'usurpateur de Peschawer, le spoliateur des Afghans ; d'autre part, le contrôle exercé par les Russes sur le commerce du Turkestan, leur alliance avec les Persans hérétiques, son horreur et celle de sort peuple pour ces Shiites maudits, le laissaient tout aussi alarmé de ce côté-là. Il en revenait donc sans cesse à prier M. Burnes qu'on le protégeât à la fois et contre les Sykhs et contre la Perse ; il suppliait qu'on lui rendît Peschawer, son seul boulevard, et que l'on ne permît pas au shah d'exécuter à l'amiable sur Kandahar les projets de conquête qu'il ne pouvait accomplir par force sur Hérat. C'était en d'autres termes, engager l'Angleterre à revenir aux voies naturelles de la politique indienne, à maintenir l'indépendance afghane envers et contre tous, au lieu de s'unir aux Sykhs pour l'attaquer d'un côté, pendant que les Russes la minaient de l'autre. Mohammed ajoutait encore que si l'on voulait désunir les chefs afghans et détruire entre eux toute hiérarchie, il savait bien qu'on ne pouvait y mieux réussir qu'en l'affaiblissant lui-même ; restait à connaître si l'Angleterre y trouverait un grand avantage, et si ç'avait été son intention de le ruiner tout-à-fait en lui offrant ses sympathies.

La réponse ne tarda pas ; on lui fit signifier un ultimatum aussitôt qu'on connut la présence de Vicovitch, un ultimatum inflexible et désastreux. Le gouvernement indien ne voulait se mêler ni de Kandahar ni de Peschawer, ni s'exposer au mécontentement des Russes, ni se brouiller avec ses bons alliés de Lahore ; il fallait que

Mohammed subît tous les sacrifices, abandonnât tous ses droits, et renvoyât le lieutenant Vicovitch le plus tôt et le plus poliment possible (*with courtesy*). Burnes discuta doucement et patiemment ces sévères conditions. Il gagnait même du terrain, et « les Afghans, disait-il, commençaient à prononcer le nom de Runjet-Singh avec le respect convenable, par égard du moins pour son excellence le gouverneur-général. » Tout d'un coup arrivent des lettres dépêchées par l'agent russe de Kandahar ; les négociations sont rompues ; Burnes se retire, comme s'était retiré M. M'Neill lorsque le comte Simonich était venu défaire en un moment toutes ses espérances de paix au camp d'Hérat. La Russie avait saisi l'instant favorable, et Burnes abandonnait son entreprise manquée, laissant Mohammed lui-même dans une grande consternation. « Il ne pourrait tenir un mois contre l'Angleterre, disait-il, et la pensée de lui déplaire le remplissait de terreur ; il n'ignorait pas que le maharajah Runjet-Singh était notre ami, et qu'il ne devait pas l'attaquer ; mais nous pouvions à notre volonté secourir Peschawer, sinon par les armes, du moins par de simples remontrances qui eussent contenu le roi de Lahore : au contraire, nous étions plus que jamais ses amis déclarés, et nous le préférions aux Afghans, qui se mettaient pourtant tout à notre service. » A coup sûr, ce n'étaient pas là les provocations d'un ennemi bien déterminé. Burnes lui-même, en s'en allant, ne croyait pas encore que les Afghans pussent jamais se jeter aux bras des Russes et s'unir aux Persans ; un pareil concert devait frapper d'horreur tous les Sunnites de Kaboul. (Lettre écrite de Jellalabad, 30 avril 1838.)

Il le fallait cependant, l'Angleterre en était dès-lors à déclarer la guerre. D'où lui venaient donc maintenant ces violentes résolutions ? et le gouverneur de l'Inde se voyait-il en un si grand danger ? L'Asie s'était-elle soulevée tout entière ? Les Persans avaient-ils pris Hérat ? Les Russes, Bockara et Khiva ? Non ; mais, comme le disait Burnes, « c'était seulement un capitaine de Cosaques qui, sans pompe ni cortège, avait galopé jusqu'au Kaboul. » Aussitôt on envoyait à Lahore le secrétaire-général de l'Inde pour négocier un traité contre le Baraksaïs (23 mai 1838), on écrivait au cabinet de Londres pour lui demander ses instructions suprêmes (22 mai), on envoyait jusqu'au littoral de Perse la flotte expéditionnaire qui prenait Karrack (20 juin), on concluait avec les Sykhs une alliance offensive pour coopérer avec eux au rétablissement de Shah-Soudjah, et remettre Kaboul sous leur protection (26 juin). Enfin l'on publiait cette fameuse proclamation de Simla, qui annonçait l'entrée des troupes anglaises en campagne (1er octobre 1838).

C'est que c'était le moment où après tant d'hésitations, tant de lenteurs et de retards, lord Palmerston en arrivait enfin à confirmer les mesures prises par M. M'Neill, et lui donnait, après qu'il avait été obligé de rompre, toute la force dont il aurait eu besoin plus tôt pour n'en pas venir là. C'était alors qu'il écrivait pour le khan d'Hérat cette menaçante missive du 27 juillet. L'inquiétude et l'emportement de lord Auckland se rencontraient tout à point pour agir avec cette décision désespérée à laquelle le regret de tous ses sacrifices perdus poussait maintenant lord Palmerston. Entravé par les nécessités de sa politique générale, n'osant pas se priver de l'alliance russe en Europe parce qu'il avait le malheur de s'y fier et le malheur encore plus grand de la réserver comme un moyen de bascule, obligé de la ménager ainsi quand même, il s'était astreint durant quatre années à laisser passer en silence les intrigues moscovites ; il n'avait point averti les princes de l'Orient que l'Angleterre s'en tenait offensée, il avait tâché de les en détourner au nom de leur intérêt ; jamais il n'avait parlé au nom de son gouvernement ; on ne l'avait pas écouté ; l'Inde était sérieusement menacée. Lord Palmerston prenait enfin un parti, mais lequel ? Il jetait la guerre dans tout l'Orient, il créait à l'empire britannique des périls sans fin ; il suscitait contre lui des ressentiments et des vengeances ; il le mêlait de plus en plus aux querelles intérieures d'un pays où sa domination ne pouvait s'asseoir que par la neutralité ; il le lançait tout exprès dans une voie de conquêtes où l'on n'avait marché jusqu'alors qu'à regret et malgré soi ; il frappait partout où les Russes avaient mis le pied, partout où ils allaient le mettre, espérant que ces grands coups étonneraient et feraient réfléchir, sans songer que ce grandes injustices ne se pardonneraient pas. Du moins encore disait-il à présent que ses alliés d'Asie ne pouvaient avoir de rapports avec ses alliés d'Europe sans que ces rapports ne fussent considérés par l'Angleterre comme des actes d'hostilité. C'était toujours la même inconséquence pour les esprits simples des hommes d'Orient, mais enfin on l'avouait hautement : c'était là tout le progrès, c'était là le sens de cette nouvelle politique manifestée par la dépêche de lord Palmerston en date du 27 juillet, et par la proclamation de M. Auckland en date du 10 octobre 1838. C'était ainsi que les affaires de Perse enfantaient d'autres complications et de bien plus funestes, au moment même où elles se terminaient par la levée du siège d'Hérat (15 août 1838) ; c'était ainsi qu'après avoir traîné si longtemps, elles poussaient tout d'un coup les affaires du Kaboul à cette fin violente qui semblait un dénouement et qui n'était pourtant que le commencement d'autres malheurs.

La proclamation de Simla unissait sous une même réprobation les mouvements du shah de Perse et l'indocilité du khan de Kaboul ; elle leur prêtait les mêmes intentions, elle affirmait que, d'un côté comme de l'autre, on subissait l'influence des Russes au détriment des Anglais ; elle annonçait la guerre ; cependant la guerre n'éclata pas tout de suite. Vient alors en effet comme une dernière péripétie qui n'est pas la moins piquante dans ce drame diplomatique. La Russie, clairement signalée par l'Angleterre à la défiance de l'Orient, se fâche, se moque et menace ; l'Angleterre en même temps proteste, se plaint et finit par reconnaître au cabinet de Saint-Pétersbourg le droit absolu de contrecarrer son allié de Saint-James, ce qui ne l'empêche pas elle-même de renouveler encore ses assurances de respect et d'amitié. Les deux notes se croisent dans la Baltique ; la note russe est du 20 octobre, la note anglaise du 26. Chose étrange ! lord Palmerston veut bien regarder la première comme une réponse ; dans le recueil des documents parlementaires, il la publie à la suite de la sienne, à l'encontre des dates ; il se déclare satisfait et semble considérer le démêlé comme fini parce qu'on a daigné railler et réfuter six jours à l'avance ce qu'il allait dire six jours après : tant de bon vouloir méritait plus de reconnaissance. Voici ces deux notes dans l'ordre même qu'on leur a supposé.

26 octobre 1838.

LORD PALMERSTON AU COMTE NESSELRODE

« Les évènements qui se sont passés récemment en Perse et en Afghanistan obligent le gouvernement britannique à demander au gouvernement russe quelques explications indispensables au sujet de certaines circonstances liées avec ces évènements, et très importantes pour les relations des deux états.

« Le soussigné n'a pas besoin de rappeler au comte Nesselrode que leurs gouvernements ont pris depuis longtemps et par des motifs semblables le plus profond intérêt aux affaires de Perse. La Perse étant si proche de la Russie, c'est pour celle-ci sans doute l'objet d'une légitime sollicitude que de maintenir ses voisins dans des rapports de paix et d'amitié... La Russie doit naturellement désirer que la nation persane soit prospère et que le monarque persan s'abstienne de toute entreprise agressive au dehors pour diriger une attention exclusive sur les réformes intérieures. L'Angleterre, de son côté, regardant la Perse comme une barrière nécessaire à la sécurité de ses possessions dans l'Inde contre les attaques de toute autre puissance européenne, a fait alliance avec le shah, mais dans cette vue seulement et avec cet objet que la Perse fût bien réellement son amie, qu'elle restât indépendante de tout contrôle étranger et vécût en paix avec ses voisins. Les intérêts de la Russie et de l'Angleterre dans ce pays se trouvent donc être non point simplement compatibles, mais presque identiques, et c'est parce que les deux gouvernements ont reconnu cette identité qu'ils étaient convenus de traiter ensemble les affaires relatives à la Perse, et d'essayer d'y suivre d'accord une marche commune. »

Singulière illusion que le seul rapprochement des deux diplomaties avait suffi pour démontrer ! singulier mensonge imposé sous des prétextes factices par les nécessités cachées de la politique européenne ! C'était l'Angleterre qui faisait en Orient toute la force de la Russie par cette alliance maladroite qu'elle préconisait encore après en avoir subi tous les inconvénients. Lord Palmerston continuait ainsi de ce ton pacificateur que nous sommes en vérité assez surpris de lui voir, et dont il aurait bien dû garder quelque chose avec nous :

« L'opportunité d'un tel concert entre la Grande-Bretagne et la Russie a été souvent démontrée par le gouvernement russe, reconnue par le gouvernement anglais... Pendant quelque temps, ils ont suivi la même ligne (*the same similarity*) dans leur politique respective vis-à-vis de la Perse, et leur double influence a semblé dirigée vers un même but, employée constamment à raffermir la tranquillité intérieure et la paix extérieure de la Perse… Mais, tandis que la Russie professait un désir marqué d'agir en bon accord avec l'Angleterre au sujet de la Perse, ses envoyés se trouvaient engagés dans des mesures soigneusement dissimulées, conçues dans un esprit hostile au gouvernement britannique et tout-à-fait opposées à nos intérêts.

Suivait la longue énumération de toutes les perfidies moscovites, la présence et l'activité militaire du comte Simonich au siège d'Hérat, le traité conclu sous sa garantie entre la Perse et le Kandahar, dans lequel la Russie promettait ses secours contre l'Angleterre elle-même. C'étaient des faits, des faits irrécusables, et cependant on tâchait encore d'éluder la conséquence directe à laquelle ils aboutissaient ; on ne voulait pas croire à cette hostilité du gouvernement de Saint-Pétersbourg, dont on avait en main des preuves si décisives ; on en revenait à lui demander encore, comme en 1837, s'il fallait le juger par ses actes ou par ses intentions ; on espérait toujours dans ces intentions si mal traduites.

« Le gouvernement de sa majesté se considère comme autorisé à demander au cabinet russe s'il doit chercher le dernier mot de sa politique relativement à la Grande-Bretagne et à la Perse dans les déclarations adressées à lord Durham par le comte Nesselrode et par M. Rodofinikin, ou dans les actes du comte Simonich et de M. Vicovitch… Le système de communications réciproques qu'on avait suivi jusqu'à présent donnait bien le droit au cabinet de Saint-James d'attendre des explications directes pour croire à un changement définitif, au lieu de le laisser ainsi déduire des actes même de la diplomatie russe en Orient. »

Oui certes, il y avait une grande conspiration conduite en Perse par la Russie, avec l'aide de l'Angleterre et contre l'Angleterre, un complot tramé sous le voile d'une alliance intime, un acharnement obstiné de manœuvres ennemies, une violente passion de conquêtes souterraines par où les Cosaques se seraient un jour trouvés tout portés sur les bords de l'Indus face à face avec les cipayes de l'Angleterre. L'Angleterre savait et surveillait tout depuis quatre ans. Elle n'avait osé rien arrêter ; elle éclatait après coup. Voyez la belle audace :

« Le gouvernement britannique admet aisément que la Russie est libre de poursuivre, par rapport aux matières en question, la conduite qui lui semblera le plus favorable à ses intérêts, et la Grande-Bretagne a trop la conscience de sa force, elle sait trop bien l'étendue et la suffisance de ses moyens de défense sur tous les points du globe, pour regarder avec une inquiétude sérieuse les transactions auxquelles cette note se réfère. »

Alors à quoi bon l'écrire ? Était-ce pour demander la permission de se venger sur les Afghans de cette grande magnanimité que l'on montrait à l'endroit des Russes ? Et quand on allait faire payer si chèrement les faibles pour les forts, avait-on bien le droit de se prétendre si rassuré ? Non, mais on tenait seulement à ne point se commettre en Europe, et à se laisser une porte ouverte pour retrouver au besoin l'alliance russe entamée malgré tout par les évènements de l'Orient. Lord Palmerston recueillit en 1840 les fruits de la condescendance dont il usait en 1836, et, quand se fit tout d'un coup cette grande amitié de l'Angleterre et du czar, on s'en serait moins étonné si l'on se fût rappelé cette obséquieuse dépêche par laquelle on avait voulu l'acheter à tout jamais deux ans auparavant. Voici comment elle finissait :

« Le soussigné est autorisé à exprimer en terminant les vœux du gouvernement de sa majesté ; le gouvernement de sa majesté souhaite que le cabinet de Saint-Pétersbourg voie dans ces communications une preuve nouvelle de l'anxiété avec laquelle on maintient sans altération (*un inapaired*) les relations amicales qui subsistent si heureusement entre les deux pays, et auxquelles nous attachons une si juste et si grande valeur ; des explications demandées avec franchise et dans un esprit de paix écartent les mésintelligences et conservent la bonne harmonie entre les peuples. »

Que disait maintenant le gouvernement russe au moment même

où il allait recevoir cette dépêche, à laquelle il était ainsi censé répondre d'avance ? Si à toute force on voulait voir une réponse dans cette lettre équivoque, c'était bien la plus ironique et la plus vaine que pût fournir le langage de la diplomatie.

20 octobre 1838.

LE COMTE NESSELRODE AU COMTE POZZO DI BORGO

« L'empereur a lu avec une sérieuse attention les dépêches de votre excellence, qui lui rendaient compte des deux entrevues dans lesquelles lord Palmerston, parlant de la situation présente des affaires de Perse, a manifesté les appréhensions données au gouvernement de la compagnie des Indes par l'expédition du shah contre Hérat. A cette occasion, le principal secrétaire d'état de sa majesté britannique pour les relations étrangères ne vous a pas caché qu'en Angleterre l'opinion publique attribuait à l'influence russe une part décisive dans les évènements qui se passent maintenant en Perse, et imputait à notre cabinet des intentions dangereuses pour les établissements de l'Inde. Ces considérations sont trop sérieuses et pourraient avoir un effet trop fâcheux sur toutes nos relations avec la Grande-Bretagne pour que nous n'hésitions pas un seul instant à prévenir les craintes par des explications franches et spontanées. »

Qu'était-ce donc que cette explication si honnêtement annoncée ? La chose la moins rassurante du monde.

« La politique de l'empereur en Orient est guidée par les mêmes principes qui la dirigent en Europe. Éloignée de toute idée d'envahissement, cette politique n'a pour objet que le maintien des droits de la Russie et le respect des droits légitimement acquis par les autres puissances. La pensée de troubler seulement la tranquillité des possessions anglaises dans l'Inde ne s'est jamais présentée à l'esprit de notre auguste maître. Il ne désire que le juste et le possible. »

Quel était donc celui qui, avec toutes les réserves du style de la diplomatie, étalait encore une vertu si pédantesque ? C'était le prince qui avait anéanti la Pologne, démembré la Turquie, dépouillé la Suède, divisé l'Allemagne. Et il parlait de justice ! et il osait dire encore :

« Si le gouvernement britannique met dans ces principes, auxquels nous avons toujours été fidèles, la confiance qu'ils méritent, il sera bien facile à votre excellence d'éclairer les doutes que l'on a conçus à Londres sur notre manière d'agir. »

Et venaient alors les éclaircissements. L'empereur ne pouvait pas en vouloir aux Anglais s'ils n'avaient rien fait contre lui ; il ne pouvait pas les atteindre, puisqu'ils étaient séparés par les mers, les fleuves et les montagnes de l'Asie : assurance moqueuse et perfide qui renfermait une menace, puisqu'arrivaient tout aussitôt les faits qui allaient la démentir. Au dire du comte Nesselrode, c'était l'Angleterre qui avait attaqué la première, et il finissait par ne plus cacher que la Russie avait bien su manœuvrer an besoin jusqu'à l'Indus ; c'était donc à l'Angleterre de conclure et de prendre garde, de se tenir avertie par les derniers paragraphes de la dépêche, pour ne point trop se fier aux premiers, pour ne point trop compter ni sur cette innocence que le czar accusait après l'avoir attestée, ni sur ces distances, dont le czar se riait après les avoir exagérées. Quant aux Russes, ils n'avaient rien à se reprocher ; ils démentaient tous les griefs qu'on élevait contre eux. Ils avaient voulu empêcher la guerre d'Hérat ; Vicovitch et Simonich n'étaient que des agents pacificateurs ; si par hasard ils avaient un peu dévié, l'Angleterre ne pouvait s'en fâcher. Quel est le gouvernement qui se trouve toujours servi comme il le voudrait ? L'Angleterre elle-même avait-elle moyen d'empêcher ces turbulents voyageurs qui venaient en son nom porter le trouble dans toute l'Asie ?

« Si nous rappelons ces faits, si nous faisons remarquer l'infatigable activité de certains individus qui se jettent en avant sans être accrédités ni reconnus par leur gouvernement, ce n'est pas que nous voulions imputer au gouvernement lui-même le blâme qu'ils méritent. Au contraire, nous regardons le cabinet britannique comme étant tout-à-fait en dehors de ces tendances que nous signalons ; mais, de même que nous plaçons une juste confiance dans la rectitude de ses intentions, nous nous croyons en droit d'attendre de lui qu'il n'élève pas de doute sur les nôtres. »

Imagine-t-on rien de plus piquant après quatre années de mutuelles tromperies, de tromperies connues des uns comme des autres, et dont la dépêche russe donnait tout aussitôt le compte, oubliant naturellement la part du cabinet de Saint-Pétersbourg et faisant fort au long celle du cabinet de Saint-James ? Aussi l'empereur entendait-il que tout frit réparé ; il voulait que l'Angleterre se réconciliât avec la Perse, de peur que cette anxiété produite par sa faute ne gagnât la Russie elle-même, et ne l'obligeât à prendre les mesures indispensables pour sa propre sécurité.

« Ces remarques que l'empereur commande à votre excellence de communiquer en entier au ministère britannique serviront, je l'espère, à le contenter, et mettront dans son vrai jour la politique conservatrice et désintéressée de notre auguste maître. Notre attitude sera nécessairement réglée par la détermination définitive que le gouvernement britannique jugera convenable d'adopter. »

C'était là tout ; et, pour trouver dans cette lettre une réponse satisfaisante aux demandes qu'on allait soi-même écrire, il fallait une grande résignation. Cette humilité singulière, lord Palmerston sut encore l'obtenir de cet orgueil trop irritable que nous lui avons connu. Il écrivit le 20 décembre au comte Pozzo di Borgo, pour répondre à la note du 20 octobre, communiquée seulement le 11 du mois suivant, et donnée cependant comme réplique conciliante à la note anglaise du 26 octobre 1838.

« C'est avec grand plaisir que je me trouve à même de vous assurer que la communication par vous adressée au gouvernement de sa majesté lui a paru dans ses résultats généraux tout-à-fait satisfaisante (*highly satisfactory*). Le gouvernement de sa majesté doit conjurer (*deprecate*) comme un grand malheur tout évènement qui tendrait à interrompre la bonne entente si heureusement établie entre les deux cabinets. »

Le comte Nesselrode répond très sèchement le 29 janvier 1839 :

« Ces explications ont apporté aux deux cabinets l'occasion de recevoir et d'offrir d'un côté comme de l'autre des assurances qui portent le caractère d'une juste réciprocité, et ne sauraient avoir de valeur qu'autant qu'elles se correspondent. Notre cabinet, en prenant note de ces assurances, attend qu'on lui fournira la preuve de leur entière réalisation (*entire fulfilment*). »

Le compliment dut sembler mince ; c'était une menace qu'on tenait en réserve. On attendait une meilleure occasion pour en poursuivre l'effet, et ce fut sans doute au traité du 15 juillet que la Russie réclama « l'entière exécution » de ces bonnes promesses dont elle avait daigné se paver jusque-là. Jusque-là elle avait su fort à propos fermer les yeux et prendre en patience tout le bruit que l'Angleterre faisait en Orient. Elle avait protesté, elle n'intervint pas ; c'est que l'Angleterre travaillait au profit de sa rivale. Au moment même où s'échangeaient encore ces témoignages de feinte confiance, le cabinet de Londres croyait achever un grand exploit, en décidant à la fin les évènements d'Asie, en donnant une suite trop efficace à la funeste proclamation de Simla, en forçant les troupes de la compagnie à passer l'Indus, en se précipitant dans cette voie malheureuse où le cabinet russe avait toujours voulu le pousser. Le 19 février, l'armée réunie des Anglais et des Sikhs entrait en campagne pour commencer la guerre de Kaboul. Plutôt que de tenir tête en Europe à des embarras qui n'étaient là qu'éventuels, plutôt que de parler ferme à la Russie, au risque de chagriner une amitié si tortueuse, le cabinet de Londres allait chercher en Asie des revers trop certains pour qui connaissait les lieux et les mœurs ; il allait fortifier la position des Russes, tout prêts à tirer parti de ses mauvaises affaires d'Orient pour faire les leurs en Occident. Plutôt que de suivre hardiment ces grandes lignes toutes droites où les états de premier ordre ont si bon air à marcher, où ils peuvent se rencontrer si honorablement, plutôt que de traiter face à face avec les Russes, il préférait leur disputer le terrain à distance et par des contremines qui ne devaient ensevelir que sa fortune ; car ce fut-là réellement la fin de ces négociations dont on vient de lire l'histoire, ce fut par là que se termina cette triste série de mensonges et de faiblesses, ce fut là que tout aboutit. Le premier résultat de la politique de lord Palmerston en orient, ç'a été l'expédition de lord Auckland ; le second, le massacre des Anglais par les Afghans ; le troisième, le massacre des Afghans par les Anglais et le ridicule triomphe de lord Ellenborough. Dieu garde l'Angleterre des autres, et la préserve du reste ! Mais il n'en est pas moins véritable qu'à force d'avoir exaspéré les animosités politiques et le fanatisme religieux de l'Asie, sous prétexte de lui inspirer la terreur de son nom, elle a diminué partout, elle a éteint l'aversion qu'on y ressentait jadis pour le nom des Russes ; elle a détruit le respect de sa force et répandu la crainte d'une puissance qu'elle osait à peine attaquer de biais ; elle a servi d'avant-garde à l'invasion moscovite [18].

On connaît assez ces grands et formidables évènements, on connaît moins la diplomatie qui les prépara. Les Anglais ont judicieusement caché cette cause secrète de tous les maux dont ils auront tant de peine à sortir : par deux fois on a voulu dans les chambres soulever le voile qui couvrait la victoire de l'habileté russe sur la pusillanimité britannique ; par deux fois, on l'a laissé retomber. D'une époque à l'autre, le ministère avait changé, le silence restait le même. Sir Robert Peel répondait encore en 1813 à la motion de M. Roebuck par ces paroles empreintes d'une réserve trop significative : « Il n'est point, je le dis maintenant, il n'est point de l'intérêt public de présumer que la Russie n'ait pas alors été sincère dans les assurances d'amitié qu'elle nous donnait. » C'était tout son discours à cet endroit-là.

Section IV.

Le gouvernement anglais avait dissimulé de tout son pouvoir cette humiliation continue de sa diplomatie ; nous l'avons racontée. Peut-être trouvera-t-on qu'en remettant au jour ces blessures qu'il avait si soigneusement cachées, nous n'avons pas assez triomphé de sa défaite ; peut-être, dans ce long récit de ses fautes, aurons-nous semblé plus attaché à développer toute l'astuce du vainqueur qu'empressé d'étaler le malheur du vaincu, plus disposé à nous inquiéter de l'un qu'à nous féliciter de l'autre. C'était en effet notre pensée. Nous savons qu'auprès d'un certain nombre de théoriciens politiques l'alliance de la Russie est pour la France une sorte de contre-poids indispensable qui la maintient en équilibre et fait sa force contre l'Angleterre. Nous savons que l'Angleterre elle-même affecte de garder cette espèce de balance dans ses amitiés, et rehausse pour nous le prix de la sienne en nous montrant à propos qu'elle peut au besoin se tourner tout entière d'un autre côté ; mais nous croyons que l'Angleterre et la France ne jouent ainsi qu'un jeu de dupes, diminuant à plaisir les chances sérieuses qui pourraient les réunir dans un accord pacifique pour affermir d'autant un ennemi commun qui profite assidûment de leurs divisions. Nous n'ignorons pas tous les bénéfices qu'on peut nous promettre comme les résultats naturels de l'abaissement des Anglais par les Russes : mais nous craignons bien qu'une fois ce grand abaissement commencé il ne s'arrêtât qu'après avoir gagné plus loin. Nous nous rappelons tous les titres de la France en Orient, tous les noms français qui s'y sont illustrés, les voyageurs Chardin et Tavernier, les administrateurs Dupleix et La Bourdonnaye, les généraux Allard et Ventura ; nous regrettons qu'on fasse si peu d'usage de tant de souvenirs qui se perdent, de tant d'influences qu'on aurait pu ressusciter ou féconder ; nous voyons avec douleur les restes caduques de notre ancien empire dans les Indes, la solitude et la ruine de Pondichéry. Pourtant, quoi que l'avenir nous réserve, peut-être préférons-nous encore la faiblesse de notre situation présente à ce leurre trop peu sûr d'un pacte avec les Russes. Nous ne nous fions pas à ces amitiés contre nature, et nous redoutons jusqu'aux présents qu'elles pourraient apporter avec elles.

Entre l'Angleterre et la France il y a bien du sang versé, bien des souvenirs de triomphe et de désespoir, bien des sujets de rancune nationale, il y a six cents ans de bataille ; c'est hier que pour la première fois les Russes ont campé sur le Rhin. L'imagination populaire ne se frappe pas si vite ; elle est encore tout occupée de ces prodigieux désastres que nous avons été chercher sous les neiges de leur pays ; elle se figure que nous avons payé nos comptes en 1815, et qu'ils n'ont plus de revanche à prendre. Elle a tort. D'autre part, nous sommes si près de l'Angleterre, ses institutions ont, tout au moins à la superficie, tant de rapports avec les nôtres, que les différences qui restent (et elles sont profondes), vues pour ainsi dire d'en face et saisies d'aplomb, sans transition, sans ménagement, sans perspective, nous déplaisent cruellement, nous choquent, nous exaspèrent, et nous font oublier ces grandes et sérieuses affinités politiques au nom desquelles nous devrions pardonner bien des erreurs, parce qu'elles nous permettent bien des espérances. La Russie, au contraire, est si loin de nous, elle est séparée de nos idées et de nos lois par des barrières si hautes, que le contraste est peut-être moins saisissant parce que l'on pense moins à la comparaison. Il ne faudrait cependant pas l'oublier. Pour nous, même aujourd'hui, même sous le coup de ces passions que des conciliateurs maladroits semblent réveiller, même en présence de cette crise imminente par laquelle l'Angleterre et la France se trouvent à tout moment et malgré tout menacées, même au milieu de ces violences qui voudraient faire croire aux deux nations que chacune d'elles n'a pas d'ennemi plus direct que l'autre, nous persistons à penser que pour l'Angleterre comme pour la France le péril n'est pas dans la spontanéité factice de ces prétendues antipathies. Le péril est ailleurs ; il est dans l'attitude, dans les combinaisons, dans les sourdes manœuvres, dans l'intervention lente, patiente et silencieuse de la Russie. La Russie ne peut avancer en Orient que par la condescendance et l'intimidation de l'Angleterre ; elle ne peut avancer en Europe que sous la condition de brouiller et de diviser l'Angleterre et la France. Ce sont là deux plans parallèles qu'elle suit par une même conduite et d'un même pas. Marcher sur une ligne l'aide à marcher sur l'autre. C'est en effrayant l'Angleterre des éventualités d'une lutte continentale qu'elle l'oblige en Orient à tant de fâcheuses concessions et de fausses entreprises. C'est en exploitant les mauvais côtés de ses hommes d'état, c'est en flattant à propos leur orgueil de marchands, de gentilshommes et d'insulaires, c'est en donnant le change à l'esprit public qu'elle arme contre la France, au nom de vieilles haines féodales, cette grande nation qui la première accueillit si sincèrement, quoi qu'on en dise, le renouvellement de juillet. C'est ainsi qu'elle est parvenue à mettre les choses où elles en sont, grace à nos appréhensions malavisées, au sentiment exagéré de nos embarras, à l'éclipse trop prolongée de notre dignité nationale,

Section IV.

grace d'autre part à l'aveuglement et à la précipitation du cabinet anglais vis-à-vis du nôtre, grace à sa mollesse vis-à-vis du cabinet russe. Tout a servi la Russie, et elle a su s'y prendre de telle sorte en 1840, qu'au bout de quatre années la question vînt se poser comme elle se pose maintenant entre l'Angleterre et la France, toutes deux campées face à face comme sur un pont trop étroit pour que l'une puisse passer sans que l'autre ne tombe.

Terrible extrémité, d'où l'on ne sort sans se briser qu'à la condition d'arrêter court, de reprendre haleine, de regarder autour de soi, et, les yeux enfin tout grand ouverts, d'apercevoir au loin l'ennemi vrai qui se réjouissait à distance du choc fatal préparé par ses artifices ! Voilà pourquoi nous retraçons aujourd'hui cet épisode d'histoire diplomatique. Ce n'est pas seulement pour qu'on voie que l'Angleterre sait au besoin adoucir sa fierté et parler un langage moins superbe : c'est pour rappeler où se cache le danger, le grand et réel danger de l'Occident ; c'est pour qu'on se demande, si par hasard ces lignes arrivaient de l'autre côté du détroit, quel bénéfice on pourra trouver en fin de compte à pousser à bout les justes susceptibilités de l'honneur français, quel triomphe ce sera d'avoir déterminé une rupture dont la Russie profitera pour gagner en Orient le terrain qu'elle ne peut pas encore gagner en Europe. On ne sait pas assez tout le chemin qu'elle a fait dans ces dernières années : on se rassure en calculant les sacrifices que lui coûte l'héroïsme des Circassiens ; mais qu'est-ce qu'un point sur la mer Noire pour qui possède déjà la Caspienne, et traite la Perse en pays conquis ? Il est bien probable que la diplomatie britannique n'est pas plus heureuse aujourd'hui à Téhéran qu'elle ne l'était en 1836. Les Russes ne cachent plus qu'ils veulent à toute force revendiquer les provinces persanes qui bordent encore la Caspienne, Ghilan et Mezanderan. Pierre-le-Grand les avait prises ; ils veulent les reprendre. Leurs croisières en surveillent les côtes, coulant bas tous les navires qui ne portent point leur pavillon ; leurs ingénieurs en explorent le sol, et tout dernièrement encore ils étaient au moment d'ouvrir des mines et de créer un établissement sur le territoire de la Perse, malgré le gouvernement du shah [19]. En présence de pareilles menaces, il est également impossible et que l'Angleterre ne proteste pas et qu'elle proteste avec efficacité. Mais telle est la malheureuse situation à laquelle le traité de 1840 l'a réduite : elle se voit obligée de conserver une alliance qui lui coûtera peut-être plus que toutes nos froideurs. On la tient en garde contre celle qu'elle eût préférée ; on profite de cette contrainte, qui l'empêche de se plaindre tout haut, pour travailler sourdement à sa ruine ; on se joue d'elle à Téhéran, parce qu'on s'est joué d'elle à Londres.

Un mot encore, et certes il faut que l'Angleterre y songe. Chaque fois qu'elle se remue contre nous, ce funeste mouvement resserre les liens tendus par la Russie pour gêner son empire d'Asie, et chaque fois que les Russes font un pas de plus à l'est de la Caspienne, ils s'assurent une chance de plus pour ruiner le commerce anglais sur le continent. Le commerce qu'ils entretiennent eux-mêmes avec l'Orient est le meilleur appât qu'ils puissent offrir à l'Allemagne. Or, c'est un grand négoce et qui va toujours s'accroissant [20]. L'Allemagne en suit les progrès avec une attention plus intéressée qu'on ne pense ; elle compte les bénéfices qu'elle aurait à partager, elle calcule le prix auquel on pourrait les lui vendre ; elle est toute prête à l'offrir. Croit-on par hasard que l'union des douanes germaniques, déjà si ennemie des pays de l'Occident, aurait beaucoup à refuser au cabinet de Saint-Pétersbourg ? Croit-on qu'elle ne deviendrait pas tout aussitôt plus active et plus exclusive, le jour où, en échange de sa soumission, le czar ouvrirait à ses produits les vastes débouchés des marchés asiatiques ? Croit-on que ce ne serait pas une terrible révolution, le jour où, « sur un signal donné de Saint-Pétersbourg, communiqué à Berlin, répété à Constantinople et à Alexandrie, on verrait en un moment toute l'Europe septentrionale et centrale, les deux Turquies, toutes les parties commerçantes de l'Afrique, de l'Arabie et de la Perse, fermées à l'Angleterre et à la France, sans une seule entrée par où l'on pût forcer cette ceinture de fer dont la clé serait au pouvoir du czar [21] ? »

Celui qui tenait ce langage, c'était un Français [22], et certes la France a sa part de cet immense péril. On ne saurait trop le répéter aujourd'hui, il y a pour nous, dans nos relations extérieures, une puissance plus naturellement hostile que l'aristocratie britannique : c'est l'autocratie du czar ; un peuple plus redoutable que le peuple anglais qui, lui du moins, vit de notre vie, qui jusque dans ses misères ou dans ses préjugés porte si haut la conscience féconde de sa liberté : ce peuple, c'est le peuple russe, vraie machine sans âme, maniée par un gouvernement d'étrangers, comme un poids inerte qu'il jette dans la balance européenne ; formidable instrument dont on façonne tant qu'on peut les ressorts matériels en étouffant toujours davantage l'esprit qui voudrait par hasard les mouvoir ; instrument de violence et d'iniquité aux mains de la diplomatie la plus ambitieuse qu'il y ait dans le monde. La Russie ne se nourrit pas de théories et d'idées : elle n'est au service que d'elle-même ; elle veut conquérir pour conquérir, le triomphe pour le triomphe, le gain pour le gain ; c'est la passion qui menait les Barbares il y a quinze cents ans, et, chose étrange, avec la connaissance profonde, avec la vue claire de toutes les ressources morales que les nations de l'Occident peuvent rassembler pour résister à la puissance brutale. Nous prétendons viser avant tout aux convenances matérielles, nous préconisons les alliances d'intérêts, nous faisons grand fi de la communauté qui résulte si nécessairement des mêmes principes. La Russie ne s'y trompe pas ; ce sont les principes qui lui font peur, et voici la leçon qu'elle-même nous donnait il y a quelques années, sans compter bien entendu qu'elle deviendrait si publique :

« Le principal effet des révolutions opérées avec des théories, c'est d'introduire dans les pays d'autres intérêts que ceux qui proviennent des causes et des nécessités purement locales. Les rapports des puissances de l'Europe ont changé de nos jours selon les principes sur lesquels chaque état a trouvé convenable d'appuyer sa forme particulière de gouvernement. La France et l'Angleterre, ces ennemies naturelles, se trouvent d'accord parce qu'elles représentent le système constitutionnel. La Prusse noue avec la Russie une liaison tout intime. Phénomène singulier ! mais puisque les états, au lieu de suivre la ligne politique tracée par leur position géographique et par leurs intérêts naturels, prennent désormais pour guides de leurs amitiés les doctrines qui président à leurs gouvernements respectifs, on comprend que l'idée de la balance politique sur laquelle l'Europe reposait depuis si longtemps ait beaucoup perdu de sa valeur. Ainsi de notre temps une lutte contre la France et l'Angleterre aura toujours un double caractère. Ce n'est pas seulement une lutte contre la force militaire de l'ennemi, c'est une lutte contre la force morale qu'il puise dans ses principes politiques ; il s'agit de combattre d'une part les baïonnettes et les boulets, de l'autre les idées… Quelque déplorable que fût le triomphe des armées réunies de l'Angleterre et de la France, ce malheur ne serait rien à côté du triomphe bien autrement funeste de leurs principes constitutionnels [23]. »

La leçon est complète ; d'un côté comme de l'autre, il faut nous en souvenir : nos récentes discordes lui donnent trop d'à-propos.

Notes

1.   Parliamentary papers, 1839. Correspondence relative to Persia and Afghanistan presented to both houses of parliament, by command of Her Majesty.

2.   De leur propre aveu, les Russes étaient détestés ; l'un de leurs agents rapporte qu'un voyageur russe étant tombé malade à Téhéran, l'envoyé d'Angleterre consentit seul à le retirer chez lui, et même au grand déplaisir du shah, qui ne voulait pas lui permettre de résider dans la ville. Une autre fois, les habitants du quartier où logeait la mission anglaise envoyèrent prier qu'on n'y reçût pas si souvent les officiers de la mission russe.

3.   M. Masson, qui se trouvait alors employé à surveiller la navigation de l'Indus, assure que les Russes n'avaient aucune influence en Afghanistan, et pendant longtemps n'y furent pas même connus.

4.   Voir un livre fort curieux où la sincérité du parti pris s'élève souvent jusqu'à l'éloquence : Exposition of transactions in central Asia, through which the independence of states and the affections of people, barrers to the British possessions in India, have been sacrificed to Russia by Henry John viscount Palmerston, constituting grounds for the impeachment of that minister. C'est l'œuvre de l'homme qui vint si courageusement à Paris en 1840 pour y protester au nom de la loyauté anglaise contre le traité du 15 juillet, de David Urquhart.

5.   M'Neill's Progress of Russia in the East, p. 6.

6.   Dépêche de lord Palmerston à M. Bligh, 16 juin 1834.

7.   Dépêche de lord Palmerston à M. Bligh, 5 septembre 1834.

8.   L'envoyé de Kandahar à Téhéran disait à M. Ellis, en avril 1836, que tout l'Afghanistan, à l'exception d'Hérat, se soumettrait

volontiers par une sorte d'hommage féodal à l'empire de Perse pour donner au shah le moyen de pousser jusqu'à Delhi, comme avait fait Nadir. (M. Ellis à lord Palmerston, 10 avril 1836.)

9.   Board.of control.

10.   Lettre de M. M'Nanghten, 10 avril 1837.

11.   Progress of Russia in the East. – England and Russia. — Sultan Mahmoud and Mehemet-Ali-Pacha. – Quaterly Review, n° 105. — British and Foreign Review, nos 1, 2, 3.

12.   Recollections of a Tour in the north of Europe.

13.   Lettre de lord Durham à M. Gisborn, consul de sa majesté britannique à Saint-Péterbourg, 5 mai 1836.

14.   Dépêche du 10 mars 1838.

15.   C'était le secrétaire-général de la compagnie qui, dans un livre publié à Calcutta en 1834, établirait très nettement que l'alliance de Lahore était le seul remède aux succès obtenus par la Russie dans la guerre de 1827 et consacrés par le traité de Turkmantschaï.

16.   C'était même ce qu'on avait fait en 1809 lors de l'union momentanée de la Russie, de la Perse et de la France contre l'Inde anglaise. Pendant que l'Angleterre combattait à Téhéran l'influence du général Gardanne par la mission de sir Hartfort Jones, elle soulevait l'Afghanistan contre la Perse, dont elle venait d'employer les ressources contre l'Afghanistan lui-même.

17.   The Afghan nation will never submit to Persia but by fear. — Lettre d'Alexandre Burnes en date du 18 juin 1838, supprimée dans le recueil officiel.

18.   Un officier anglais, voyageant dans la Haute-Asie après tous ces événements, rapporte que le czar y passait déjà pour le roi des rois de l'Europe, et qu'on y traduisait ainsi son titre impérial. « Les habitants d'Hérat, dit le capitaine Conolly, croient que les Russes sont des géants et des mangeurs d'hommes destinés à faire la conquête de l'Orient. » La crainte des Russes a pénétré dans le Bengale, et leur nom descend peu à peu jusqu'à la moitié de l'Hindoustan.

19.   La question n'est pas encore vidée. A la date du 11 novembre 1844, le shah était toujours persécuté par M. de Medem

pour laisser arriver les mineurs et recueillir le charbon qui doit servir aux bateaux de la Caspienne ; il s'y refusait et disait qu'il ne céderait qu'à la force.

20.　　Les exportations russes pour l'Asie montaient, de 1825 à 1829, à la moyenne de 21,430,299 roubles ; de 1829 à 1832, elles s'élevèrent à la moyenne de 56,198,578. Les Russes sont depuis un siècle à Pékin ; nous arrivons d'hier à Canton. (Voir, au tome II des Mémoires de Klaproth, la relation si importante du traité conclu par le czar avec les Chinois en 1727.)

21.　　Voir les chapitres 5, 6 et 7 de l'ouvrage de M. Nebenius sur les douanes allemandes. Il démontre avec soin tout ce que le commerce germanique gagnerait à une alliance intime avec la Russie. Président du ministère de l'intérieur dans le grand-duché de Bade, M. Nebenius était bien au courant de la situation. Son livre est du commencement de 1835. La réaction teutonique, si artificiellement éveillée en 1840, est venue pousser les idées du même côté que les intérêts, et, si l'on n'y prend garde, l'influence commerciale de la Russie finira par s'appuyer en Allemagne sur une influence morale. Teutonisme et panslavisme, ce sont là des mots et des idées russes.

22.　　M. Blaque, rédacteur du Moniteur ottoman, homme d'un courage et d'une intelligence dont on n'a point assez usé, mort à la peine en défendant avec une énergie admirable l'indépendance et l'intégrité de l'empire.

23.　　Extrait d'une Note sur la situation présente et l'avenir de l'Allemagne, écrite en 1834 par ordre du cabinet de Saint-Pétersbourg, et communiquée confidentiellement à plusieurs gouvernements de l'Allemagne ; chef-d'œuvre d'exactitude et de sagacité dans les appréciations politiques.

ISBN : 978-1984196781

www.ingramcontent.com/pod-product-compliance
Lightning Source LLC
Chambersburg PA
CBHW070803250726
48662CB00004B/1944